JN236002

本田直之
NAOYUKI HONDA

なぜ、日本人シェフは世界で勝負できたのか

ダイヤモンド社

なぜ、
日本人シェフは
世界で
勝負できたのか

はじめに

海外では今、日本人の評価が高まっている

もし、日本人シェフが全員いなくなったら、ヨーロッパのレストラン業界は成り立たない。これは嘘でも冗談でもなんでもなく、本当の話。料理の世界で今、日本人がとんでもない活躍をしているということに私が気づき始めたのは、もう3年ほど前になるでしょうか。

ここ数年、私はヨーロッパを旅する中で、ミシュラン三つ星から地元の人に人気のビストロや屋台まで、数多くのレストランを訪れました。多くの方は、ヨーロッパでフレンチやイタリアンを食べに行けば、当然シェフはフランス人やイタリア人だと思うでしょう。もちろん私も、最初はそう思っていたのですが、あるとき訪れたイタリアのレストランのシェフから、ひとりの若者を紹介されたのです。

「うちの店に日本人がいるんです。今けっこう、こっちで働いている人、多いんですよ」

その後、本書にも登場してもらった松嶋啓介シェフに出会って話を聞くと、彼もまた

「そんな人、いっぱいいますよ」と言います。しかも、かなり多くの日本人シェフが現地で活躍している、と。

そうなんだと思って調べてみると、当時ですら、フランスでミシュランの星を獲得しているシェフが7～8人、そしてその数は年々増えている。これはものすごいことになっていると驚きました。

もちろん、日本のレストランにも、ヨーロッパで働いた経験を持つシェフがたくさんいることは知っていましたが、私の中ではあくまで修業とか研修といったイメージ。まさか現地の有名店でシェフになったり、二番手のスーシェフになったり、メインストリームで活躍しているとは思ってもみなかったのです。

野球にしてもサッカーにしても、日本人選手が海外のリーグで活躍することは、ここ10年ほどで当たり前のことになりました。ただ、飲食はスポーツと比べても、より生活に密着したもの。現地には現地の味覚がありますから、スポーツよりもハードルは高いはずです。そこで、これだけ活躍している日本人が出てきているというのは、何かが変わってきたのではないかと感じました。

もしかすると、**海外から見た日本人への評価は、私たち日本人自身が感じているよりも**

かなり高まっているし、日本への興味も増しているのではないか。そんな仮説を持って、ヨーロッパで活躍するシェフたちへの取材を始めたのです。

取材をして得た確信は、日本人に対する評価の高まりが、スポーツ選手やシェフだけでなく一般のビジネスパーソンにまで広がってきているということ。そして**活躍するためには、日本人がもともと持っているオリジナリティに、海外で戦うためのノウハウを加えればいい**。それを知っているかどうかが重要だということでした。

海外でバリバリ活躍するなんて、まだまだ難しいと思っている人も多いかもしれません。でも、気づいていないのは私たち日本人だけ、むしろチャンスに満ちあふれている時代なのです。

『ミシュランガイド フランス』で、なんと20人が星を獲得！

1994年から1996年まで、私はMBAを取るためアメリカに留学をしていました。仕事も辞めていったのでお金はなく、1日たった3ドルで過ごすような貧乏生活。そんな苦しくも楽しいチャレンジをしている時期に勇気を与えてくれたのは、野茂英雄選手の活躍でした。

当時はメジャーリーグに挑戦するだけでもすごいという時代。それがまさかドジャースで大活躍をして人気者になるなんて、想像もつかないほどすごいことです。彼の活躍のおかげで、その後、イチロー選手や松井秀喜選手、ダルビッシュ有選手など、日本人が次々とメジャーへ挑戦。野茂選手は、まさにメジャーへの道を切り拓いたパイオニアとなりました。

また、同じようにサッカー界では中田英寿選手がセリエAに挑戦、多くの選手がそれに続いているし、他にもゴルフやテニスなど、今やプロスポーツ選手が海外に挑戦することは珍しくなくなっています。

留学時代の私が感じたように、彼らの活躍は多くの日本人に勇気を与えてくれました。そして、「自分もやってみよう」という思いにさせてくれたことでしょう。

翻って料理の世界では、フランスのミシュランといえば、野球でたとえるならまさにメジャーリーグのようなもの。これまで現地で活躍した人といえば、２００２年に日本人オーナーシェフとして初めて一つ星を獲得した「レストランひらまつ」の平松宏之シェフ、続いて２００６年に同じく一つ星を獲得した「ステラ マリス」の吉野建シェフくらい。

彼らは、1970年代に何の情報もない中でフランスへと渡り、30年近いキャリアを重ねてようやく店を構え、一つ星までたどり着きました。平松シェフや吉野シェフたち第一世代が一生懸命働き、多くの苦労の末に「日本人への信頼」というベースをつくったのです。

しかし、それから次に続く世代は、なかなか現れませんでした。それが2006年、前述した松嶋啓介シェフが最年少の28歳で星を取ったあたりから、一気に流れが変わります。2011年には、同じく本書に登場している佐藤伸一シェフが日本人オーナーシェフとして初めて二つ星を獲得。そして、**2014年の『ミシュランガイド フランス』では、なんと計20人もの日本人が星を獲得するまでになった**のです。

第二世代は、悪く言えば「使われる側」で終わってしまいましたが、彼らが信頼の土壌を築き、ここにきてようやく第三世代が登場したわけです。

世界で活躍する秘訣とノウハウを教えたい

かつては、修業に行っても労働ビザなしで働くことも多く、給料が支払われないこともありました。白人ではない日本人が厨房にいることを、お客さんから見えないように隠すという差別的な扱いも受けたそうです。

しかし、1999年にワーキング・ホリデービザの支給が認められるようになり、書類審査さえ通れば誰でも自由に海外で働くことができるようになりました。失業率が高いフランスでは、外国人を雇うには、経費や労力の面でも大きなハードルがあります。それでも、一生懸命に働き、かつスキルも高い日本人を求めるオーナーも多いのです。

たとえば、パリのビストロ「シェ・ミッシェル」のオーナーは、雑誌『クーリエ・ジャポン』の取材にこう答えています。

「日本人は、フランス人に比べて、労働意欲が高く、仕事も早くて丁寧。この国から日本人の料理人を閉め出すような法律ができたら、パリにあるレストランの、半分以上はつぶれてしまうだろう」

（『クーリエ・ジャポン』2013年March「もはや日本人料理人なしにフランス料理は語れない」より）

ちなみに、ここまでに名前が出た日本人シェフは、みな自分で店を持つオーナーシェフ。

しかし、私がもっと驚いたのは、二つ星・三つ星など有名レストランのスーシェフを務める日本人が多くいるという事実です。スーシェフは、シェフに次ぐナンバー2のポジション、実際の料理の実務をすべて手がける、企業でいえばCOOにあたる重要な存在。たんに使われるだけとか、ちょっと働いて終わりというのではなく、メインストリームで活躍できる人たちがとうとう現れたというわけです。

「日本人がスーシェフをつとめるレストランが急増している今、私たちが食べるフランス料理は本当に〝フレンチ〟なのか？」（前出『クーリエ・ジャポン』より）

人気料理ブロガーが、こんな問いかけをし、議論が巻き起こったこともあったそうです。しかし今では、批評家は「**日本人の貢献がフランス料理を進化させている**」と言い、お客さんに至っては「**日本人がいると安心する**」**というくらい評価は定着しました**。お客さんから見えないように隠すという時代からすれば、考えられない状況です。

本書に登場するのは、フランス、イタリア、スペイン、そして日本にいながら海外でのプレゼンスもある、15人の日本人シェフとソムリエ。シェフはほとんどがオーナーシェフとして、ミシュランで星を獲得した人たちを取材しました。

今まさに世界を切り拓いている彼らが、どうやって海外に出ていき、どうやって成果を上げたのか。これから海外に行きたいと思っている人はもちろん、今までそんなことを考えてもみなかった人たちにも、その秘訣やノウハウを知ってほしいという思いから本書は生まれました。

日本流の「おもてなし」こそ評価される

２０１３年９月、ブエノスアイレスで開かれたＩＯＣの総会で、２０２０年の東京オリンピック開催が決定しました。

なぜ日本がオリンピック開催を勝ち取れたのか。その背景にあるものと、本書で伝えたいこと、この２つはすごく近いのではないかと思っています。

ＩＯＣ総会でのプレゼンで日本が何をアピールしたのかといえば、電車が時間どおりに来るとか、街が安全だとか、サービスが丁寧だとか、人々がマジメだとか……。私たちが日頃、当たり前だと思っていることばかり。しかし、考えてみれば、時間どおりに電車が来るなんて、オリンピックを争ったスペインをはじめ海外ではありえないこと。

海外と同じ土俵で戦うのではなく、日本的なところで勝負する。流行語大賞にも選ばれた、滝川クリステルさんの「おもてなし」の言葉が象徴するように、世界に誇れるなんて思ってもみなかったことが評価されたわけです。

言い換えれば、**私たちがもともと持っているスキルを出していけば、世界で当たり前に活躍できる。**そういうチャンスが訪れているととらえることもできるでしょう。

先日、サッカーの本田圭佑選手がＡＣミランへ移籍しました。しかも、背番号はエースナンバーの10。ＡＣミランといえば、セリエＡ優勝18度を誇る超名門クラブですから、日本でいえば巨人の四番といってもいいくらいのポジションです。

彼は移籍会見で、海外の記者からの「サムライ魂とは何?」という質問に、「サムライには会ったことがないので……」とジョークを交えつつ、こう答えました。

「日本の男性はけっしてあきらめない精神と、しっかりとした規律を持っていて、私も常に大事にしようと思っている。それがサムライ魂ではないか」

料理の世界に話を戻すと、かつてフレンチはソースはたっぷり、前菜・メイン・デザートと、量も多いしお皿も多い。バターをはじめ、動物性脂肪を含んだ食材をメインに構成されていました。それが今や、世の中の健康志向を反映して、徐々にオーガニック、ヘルシーというように、動物性脂肪を避ける流れに変わってきています。

一方、日本は懐石料理を見てもわかるように、少量多品種で見た目も美しい、素材のよさを生かす料理手法が主流。

海外のシェフたちは、そうした日本食のいいところを取り込んで、自らの料理を進化させています。とくに世界で最先端といわれるレストランの中には、これまでのコース一辺倒ではなく、懐石からインスパイアされたものも多いと感じるし、日本の食材が使われることも増えました。

今では、パリでもニューヨークでも、お寿司はもはや当たり前。全米№1のレストランガイド『ザガットサーベイ』で、ラーメンがトップに選ばれていることからも、日本食人気の高さがうかがえます。

ここ10年くらいの間に、料理の世界で起きたこうした変化も、日本人シェフの技や能力が評価されるようになった理由のひとつでしょう。

戦後何十年にもわたって、日本は、欧米に追いつけ追い越せでやってきました。そしていつしか文化も日常生活も、欧米に合わせるようになってしまった。それは日本が戦争に敗れ、自信をなくしてしまったからかもしれません。

料理人の活躍を見て、私は日本が、かつて世界と自信を持って戦っていた頃に近づきつつあるのではないかと感じました。東京オリンピックの決定、そして本田選手の移籍を見て、その予感が間違っていなかったと確信したのです。

無理に海外に合わせなくていい

昨年、メジャーリーグで、レッドソックスのワールドシリーズ優勝に大きく貢献した上原浩治選手が、こんな話をしていました。

メジャーリーグでは、日本のようなきれいな回転のストレート（4シーム）ではなく、2シームという変化のある動くボールが主流。日本人の多くの投手も、メジャーに行くと、この2シームをマスターしようとします。しかし上原選手は、最初から動くボールを待っている相手には、日本流の4シームが効果的だというのです。

もちろん彼の場合には、制球力やフォークという大きな武器もありますが、普通にやっていればうまくいく、というのがとても面白い。

イチロー選手がメジャーリーグで活躍できたのもまた、彼自身のオリジナリティや能力を、そのまま出したからだと思います。アメリカでも、日本でやっていたのと同じようなプレイをする。もし、メジャーリーガーに負けないようにパワーをつけ、ヒットよりもホームランを狙うようなことをしていたら……おそらく活躍することはできなかったのではないでしょうか。

日本人はこれまで、アメリカナイズ、ヨーロピアンナイズというように、どちらかといえば、海外に合わせることをよしとしてきました。

先ほどのオリンピックの話のように、日本のよさや強みが世界で通用し、海外の人から評価されているにもかかわらず、日本人はそれに気づかず、無理に合わせようとしてきた。これまで海外で大活躍する人がなかなか出てこなかったのも、こうしたことが原因なのかもしれません。

なにも無理をして、合わせる必要はありません。遠慮をすることもないし、日本人が持っているものを自信を持ってそのまま出していけば、実は海外でのほうが評価される。

活躍しているシェフたちは、いち早くそれに気づいています。

スポーツや料理の世界はもちろん、ビジネスの世界でも、今まさに同じようなことが起こっています。たとえば、アニメなどのカルチャーが評価されるのもそうだし、漢字など和の文化や建築などが「クール」だと言われるのもそう。海外の人たちは、すでにどんどん日本のいいところを取り入れています。

では、なぜそれほどまでに評価されるのか、それは日本人にオリジナリティがあるからです。電車は時間どおりに来るし、街のいたるところには24時間営業のコンビニがあって、治安もいい。仕事への情熱もあるし、何事にも真面目に取り組むロイヤリティの高さもある。これらは誰もが当たり前だと思っているかもしれませんが、海外から見ればかなり特異なことなのです。

日本人にとってはある意味で、海外に出れば、努力をしなくてもオリジナリティを発揮できる環境が整ってきたともいえるでしょう。

技術や情報はシェアする時代

料理の世界では、かつて「技術は盗む」ものでした。たとえば「秘伝の◯◯」といったように、とっておきの技術やレシピは、隠して表に出さないのが当たり前。しかし、そうした悪しき伝統は今、だいぶ変わりつつあるようです。

本書の中にも登場する、ミシュランで3年連続三つ星を獲得している日本料理店、龍吟の山本征治シェフは「盗んで覚えろとか、教えないのは怠慢だ」とまで言っているほど。自分の技術はどんどん伝えるべきだというシェフも増えています。

教える側の考え方も変わってきたし、ネットをはじめ多くの情報に触れられるので、働く側が自分で学ぶことだってできる。たくさんのことを効率よく学べるため、修業の期間も短くなってきた。そうした、料理人が力をつけるための方法や土壌も整ってきていると感じます。


中でも、とくに海外に出ていくハードルは、昔に比べて何段階も下がっています。たとえば、私が留学した時代にはインターネットがありませんでした。現在のように、検索をすれば、こういう書類が必要だとか、これを準備したらいいという情報がバーッと出てくることはなかったのです。

当時、留学したいと思ったときにどうするかといえば、行ったことのある人に話を聞いてみたり、わざわざ一度現地まで出かけてみたり。最終的には、何があるのかよくわからないというような状態で海外に行かなければなりませんでした。

料理人だって、修業をしようと思ったら、現地に行って片っぱしからレストランに電話をかけたり、知り合いのつてをたどってシェフを紹介してもらったり。それが今では、インターネットで簡単に働き口を探すこともできます。

本書で話を聞いたシェフの中にも、知り合いを通じてフェイスブックでつながったことから関係が始まり、取材をさせてもらったという人もいるほど。情報・通信環境は、ここ数年でより進化してきたと感じます。

もうひとつ昔と違うのは、**他の人の成功を応援するムードが高まっていること。**シェフたちの話を聞いてみても、**とにかく日本人みんなが海外で活躍できるように、ノウハウを教え合ったり、たんなる競争相手とは違う関係になっています。**

かつては、自分のまわりだけで情報を囲い込もうというマインドだったのが、助け合うという方向に変わってきた。中国人が世界中でうまくいっているのは、華僑のコミュニティをつくって情報や仕事、ノウハウを共有できる仕組みがあるから。私は、年間の半分をハワイで過ごしているので、それがよくわかります。現地では、まわりの日本人からいろいろなことを教えてもらったり、助けてもらったりしていますから。

日本人の評価が上がれば、それにしたがってチャンスも広がる。だから情報でもなんで

もシェアして、みんなで成長していこうと考える。そうした、いい雰囲気が醸成されていることも見逃せません。

日本にいるより、海外に出たほうがチャンスは大きい

グローバルスタンダードが叫ばれ、インターネットが登場して、世界はつながったかのようにも思えます。世界のルールはひとつだという価値観も広がっていますが、実はそうではありません。むしろ海外との違いが評価されるポイントであり、そうした違いが認められる世の中になってきているのです。

本書に登場する多くのシェフやソムリエが言っていたのは、**海外に行ったほうが勝負がしやすいということ。日本はレストランの数も多いし競争も激しい、それに比べればよっぽど、活躍できる可能性は高いというのです。**

そして、日本の文化ややり方が評価されればされるほど、さらにチャンスは大きくなるし、活躍の場もどんどん広がっていくでしょう。

料理人をはじめとする、いわゆるクリエイターと呼ばれる人だけではありません。たと

えば、営業だったりマーケティングだったり、サービス業だったり、何かを考えて物事を進めていく仕事をしているビジネスパーソンすべてに当てはまります。

日本のネットビジネス界にはまだ、海外で通用する企業やサービスは現れていませんが、おそらく私は、ブレイクも近いのではないかと思っています。

それには、まずは誰かひとり、ドーンと大活躍する人が出てくることが必要です。そうすると必ず、「あれ、自分にもできるんじゃないか」と思うフォロワーが現れる。

野球の世界だって、野茂選手が出てくるまで、ものすごく長い時間がかかりました。それまで、メジャーで活躍した人はほとんどいないに等しかったのに、多くの選手があとを追って海外に渡りました。野茂選手が努力したおかげで、メジャーリーグの中で日本人に対するリスペクトが広がっていったからでしょう。

野茂選手が出たことでイチロー選手、ダルビッシュ選手が、中田英寿選手が出たことで長友選手、香川選手、本田選手が続くといった流れを、いろいろな業界でつくらなければなりません。そして、活躍した人を表に出して知らせていくことが、これから海外へ行く人たちの参考になると思うのです。

２０１０年代を迎えて、私はやっと日本人が本格的に海外に出ていく時代がやってきたと感じています。料理の世界では、日本にいる私たちがまったく気づかないうちに、ものすごいことが起きているのですから。

スポーツ選手から始まり、料理人、そしてビジネスパーソンへ。この流れは加速していくだろうし、海外で活躍することは、どんどん当たり前になっていくでしょう。

せっかくチャンスがあるのだから、それを生かしたほうがいい。これまで道を切り拓いてきた人たちがやってきたことやノウハウ、考え方を本書からつかみとって、あとに続く人たちの希望になってもらえればうれしく思います。

南米の食を巡り、ブエノスアイレスから日本に戻る飛行機にて。

本田直之

目次

「同じ土俵で戦わず、自分の強みで勝負する」

『ミシュランガイド フランス』で一つ星を獲得

レストラン ソラ　**吉武広樹**シェフ

日本料理 龍吟 山本征治シェフ

3年連続ミシュラン三つ星、「ワールド50レストラン」日本料理最高位

「もっとあるだろう、もっとあるだろうと思う」

世界で活躍するために必要な34のスキル

思考法

働き方

行動法

＊本書に登場するシェフ・ソムリエが在籍するお店、肩書きは取材当時のものです。

日本人シェフとして初めて、
フランスで二つ星を獲得

「焦っても、ただやみくもに何かをしない」

フランス　パッサージュ53

佐藤伸一　シェフ

Shinichi Sato / PASSAGE53

1977年、北海道生まれ。札幌グランドホテル、「レストラン エノテカ札幌」で修業し、2000年渡仏。2001年からパリの「アストランス」に2年間勤務したのち、ブルゴーニュのドメーヌ、スペインの「ムガリッツ」などをへて、2009年パリに「パッサージュ53」をオープン。2010年にミシュラン一つ星、2011年に二つ星を獲得。

自分のインスピレーションで判断する

「やっぱり3年は続けなきゃ、どこに勤めてもやっていけないよ」。そんなまわりからの言葉を受け、当時働いていた札幌グランドホテルをきっちり3年で辞め、その後フランスへと渡り、『ミシュランガイド フランス』で日本人シェフとして初めて二つ星を獲得する快挙を成し遂げたのが、佐藤伸一シェフです。

専門学校で学んだあと、三國清三シェフ（東京・四ツ谷「オテル・ドゥ・ミクニ」オーナーシェフ）に憧れ、三國シェフがかつて働いていた札幌グランドホテルで働き始めます。最初はビアホールに配属されたものの、3年間我慢をして、北海道の有名レストラン「ル・ミュゼ」の石井シェフが料理長を務めていた「レストラン エノテカ札幌」に。それから10ヵ月ほどたったある日、「フランスに行かないか？」という話をもらったのです。

「もちろんフランス語はしゃべれないし、お金もない。でも、やっぱり憧れがあったんです。いつか行くんだったら、こんなにいいタイミングはないと思って、一晩考えて『行きます』と答えました。給料は安かったんですけど、住み込みだし食事も出る。そもそもお金をもらいたくて行くわけじゃなかったから、とりあえず飛び込んでみようって。本当は、不安だらけでしたけれど」

力をつけようと思ってフランスに渡る決断をしましたが、いざ行ってみると、想像していたのとはほど遠い環境が待っていました。住み込みの部屋は壁もなく、スプリングが壊れたベッドに毛布一枚。4ヵ月ほど我慢に我慢を重ねていたものの、最後には体調を崩してしまい、店を辞めて、パリに戻ることにしました。

「友人の家を転々としながら、なけなしのお金で食べ歩きをしましたが、どこにも自分が目指すような料理はありませんでした。普通においしいけれど、期待していたような洗練されたフランス料理ではなかったんです。当初予定していた1年間が過ぎ、日本に帰ればきっと『すごいな、フランスに行ってきたんだ！』っていう扱いになる。でも実際、僕がフランスで何をやったかって言ったら、本当に簡単なことばかり。これはまずいと思っていました」

自分の将来についてのビジョンやイメージを強く持っていたのでしょう。焦りつつも、働ければどこの店でもいいと妥協することはありませんでした。

そんなとき、たまたま知り合いが予約してくれたのが、当時まだ一つ星の「アストランス」でした。アストランスは、ミシュランの評価の基準を変えたといわれる店で、現在パリでもっとも予約が取りづらいレストラン。本書の中に登場する岸田周三シェフも、のちにここで働いています。

アストランスは２００７年に三つ星を獲得しますが、２人の日本人シェフが大いに貢献したといっても過言ではないでしょう。

「こんなにおいしくて、きれいな料理があるんだって、今までにないほどの衝撃を受けました。食事のあと、すぐシェフに『ここで働きたい』という話をすると、『給料は出せないけど、研修という形だったらいいよ』って言ってくださって」

食べてすぐに働かせてくれと言える、物怖じしない行動力もすごいですが、お金をもらえなくてもいいというのもまたすごい。きっとそれまで悶々と考えていた、自分が学びたかったフランス料理、目指していたイメージにピタリと当てはまったのだと思います。

修業時代という大事なステージを、いかにいい形で過ごすか

佐藤シェフに衝撃を与え、世界中の人たちが注目するアストランスの料理とは、いったいどこがすごいのでしょうか。それは伝統的なフランス料理とは、まったく違うスタンスだということ。たとえば、シェフのパスカルは、なんとフランス料理の基本であるソースをほとんど使わないのです。

「ソースで味をつけずに、それぞれの素材の持ち味を引き立てる、いわば和食に近い考え方です。いつも教えられていたのは『野菜にも肉にも魚にも、ストレスを与えないように、その素材の気持ちになって扱いなさい』ということ。本当に素材に敬意を払った仕事をしていましたね」

素材を前面に出すことから、細かい火加減に至るまで、アストランスからは多くの学びをもらったそう。修業時代という人生の大事なステージを、いかにいい形で過ごせるか。それには、もちろんどこの店で働くかも重要です。

「最初は研修生という扱いで、お金はもらってなかったけれど、朝出勤するのが楽しみで仕方がありませんでした。そこまで楽しかったのって、この修業時代くらいというほど（笑）。もう夢中で毎日を過ごしていましたね」

自分の足で見つけて、自分のインスピレーションで働きたいと判断したからこそ、はたから見たらつらい条件でも、ここまで仕事を楽しめたのでしょう。

料理に感動したことはもちろんですが、アストランスを選んだ理由が、もうひとつありました。それは、他の店に比べてかなり小規模だったということ。働き始めた2001年当時、アストランスのスタッフは、シェフのパスカルと佐藤シェフ、その他にはたった3人だけ。

「小さい店で働けば、それだけ任せてもらえることも多いので、大きな店で働くよりも力がつくはずです。料理はもちろん、仕入れや経営まで幅広く学ぶことができますから。アストランスにいる間に、今の自分の形ができあがったと思いますね」

ここでさまざまな仕事を経験したことが、その後、彼の財産になりました。将来、自分の力で店をやっていきたいと思うなら、小規模なところで学ぶことがメリットになる。これは、料理人以外のどんな仕事においてもいえることでしょう。

大きな有名企業で働くのがいいのか、小さな会社で働くのがいいのか。どちらが正解で、どちらが間違いということではありませんが、先々を見据えて、自分にとって正しいのはどちらかを考える必要があるということです。

焦っても、ただやみくもに何かをしない

働き始めて半年ぐらいたつと、フランス人と同じ給料をもらえるようになり、「正規の労働許可証（ビザ）を取ろうか」という提案を受けました。ちなみに、ビザを取るのは手続きも面倒で、とても大変なこと。よっぽど使える人だと思われない限り、そうした提案をされることはありませんから、いかに評価をされていたのかがわかります。

アストランスで2年間働いたあと、そのポジションを岸田シェフへと譲り、そして今度は、ブルゴーニュのドメーヌ（ワインの醸造所）で働き始めたのです。

「ワインの勉強もしてみたいなあって思ったんです。僕、もともと批評家っていうのが好きじゃなくて。でも気づいてみれば、詳しいつくり方や現場の苦労も知らないのに『このワインが好き、嫌い』なんて言っていた。それはよくないし、もっとちゃんとワインについて学びたいっていうのが、ブルゴーニュに行った理由ですね」

いくら興味があったとはいえ、シェフとしてのキャリアをストップしてまでワインづくりを学ぼうと考える人なんて、めったにいません。ものすごい探究心を持って、貴重な時間を投資できる。それがオリジナリティをつくるのでしょう。

ちなみに、このときのビザは1年間のワーキング・ホリデーのもの。ワインづくりを手伝ったあと、パリに戻って転々とするうち、その期限が迫ってきていました。

そんなとき、ひとりのパトロン（後援者）と出会い、1年後に東京にお店を出す計画が浮上します。そのためには、アストランス以外にも、もうひとつ看板があったほうがいいということで、スペインの二つ星レストラン「ムガリッツ」へと修業に行くことを決めました。

サンペレグリノの「ザ・ワールド50ベスト・レストラン2013」で4位に選ばれて

いるムガリッツは、最先端の料理を出すといわれ、世界でも話題を集めているレストラン。ワインづくりに続き、さらに料理のスキルを上げたいという、徹底的な探究心には感心します。しかし、そこには、彼の目指す料理はありませんでした。

「最初はいいなあって思うけど、2~3回食べると、手品の種明かしをされている感じがして、あまり面白くなかったんです。おいしい料理は、何回食べてもおいしいはずなのに、それがない。足りなかったのは素材の力だったんですね。すべてがすべてすばらしいとはいえませんが、どれだけフランスの食材がすごいかを思い知らされました。やっぱりフランスの食材を使って、料理をしたいなと」

修業をしている間に、東京でお店を出す話も立ち消えになり、困り果てていたときに支援をしてくれたのは、一つ星を取ったパリの和食店「レストラン あい田」の相田康次シェフでした。

「家賃も払っていないのに家に住ませてくれたうえ、ご飯を食べさせてくれたり、いいワインを飲ませてくれたり。そういう人たちに助けてもらって、今があると感謝しています。その間にも、友人たちがどんどん活躍していく。僕はもっと前にパトロンがついて、自分の店ができるはずだったのに、『ウサギとカメ』の話じゃないですけど、追い越されたことにすごく焦っていました」

お金もなく、食べるのもギリギリという居候生活は、それからなんと4年間も続きました。しかも、自分がアストランスに紹介した岸田シェフは「カンテサンス」を開いて、三つ星を獲得。

アストランスでは後輩だった親友の岸田シェフに抜かれてもなお、あきらめることはなく、出張料理などの仕事を細々と続けました。ここで、強い意志を持って自分を信じられたこと、安易に違うジャンルの仕事に手を出さなかったのがよかったのでしょう。焦って、ただやみくもに動いていたら、今日の成功はなかったかもしれません。

助けてくれる人がいたこと、まわりから応援されるタイプの人だったこともラッキーでした。本人は「なんで、そこまでよくしてくれるかわからない」と話してくれましたが、誰もがこうやって応援されるとは限りません。彼に魅力があったからこそ、助けてあげたい、サポートしてあげたいという人が現れたのです。

ミシュランの星は「憧れ」ではなく「取れる」もの

そして2009年、苦労の末に自分のお店「パッサージュ53」をオープンさせます。パートナーは、現在も店のサービスディレクターを務める、ギョーム・ゲッジ氏。彼の実家がパリで有名な「デノワイエ」という肉屋を経営していて、「せっかくいい肉が手に入るので、お店をやりたい」と相談されたのが始まり。ただし、最初はコース料理を出すガストロノミーではなく、ビストロスタイルのお店でした。

「デノワイエが有名だったこともあって、最初からジャーナリストがいっぱいやって来て、いきなり満席状態になったんです。1日に80~100人くらいの料理をひとりでつくっていたので、睡眠時間は毎日2~3時間、休みの日も料理の仕込みをしないと間に合わないし、今までこんなに働いたことがないというくらい働きました。さすがに体力的に限界で、『誰でもいいから、スタッフをひとり入れてください』って頼みましたね」

そのうちコースを出してほしいというお客さんも増え、オープンからわずか4ヵ月で方向転換、自分がやりたかったガストロノミーへと舵を切ることになりました。

最初から、思いどおりの店ができたわけではないのに、「なんでビストロしかできないんだ」と腐ってしまうこともなく、また「ビストロでもいいじゃないか」と妥協することもなく、自分の力を信じて前に進む。そういう強い意志があれば、たとえ入り口が違っても、どこかで状況を変えることができるのです。

ガストロノミーを始めたとき、佐藤シェフは「二つ星くらい軽く取れる」と思っていました。とにかく高い目標と、絶対にやるんだという強い思いがあったのです。

「アストランスで働いてみて、やっぱり星が付いていることが、ある程度の評価基準になるというのは意識していました。憧れっていうよりは、取らなきゃ、と(笑)。僕が修業を始めた10年前とは違って、フランスのどこの星付きのお店を見ても、2番手、3番手は日本人シェフという状況になっていましたし」

パッサージュ53をオープンした当時は、フランスで星を取っている日本人はまだ3人だけ。キッチンが日本人だけのチームでは、とても星は取れないと言われていました。そんな前例がないところにあえてチャレンジをして、オープンからわずか半年で一つ星を獲得してしまったのですから驚きます。

店のスタイルにしろ、キッチンのスタッフにしろ、さまざまな条件が完璧に揃わないとスタートできないというのではなくて、走りながら変えていける力。常に正解を選んで進むわけではなく、手探りかもしれないけれど、最終的には自分の行きたい方向にもっていける。海外では、そういうサバイバル能力が必要なのだと感じました。

「あっという間だったんで、びっくりでしたね。努力してきたことが実った、今までのつらい経験はムダじゃなかったんだと思いました。いろんな人から『絶対、誰かが見てるから』とは言われていましたけれど、４年間やってもやっても何もなかったから。自分には運も実力もないのかな、って思っていたので」

一つ星を取ったあとに掲げた目標は、「３年以内に二つ星を取る」こと。すると、３年以内どころか、なんと翌年には日本人初となる二つ星を獲得。本人も、「まだもらえるとは思っていなかったし、運がよかった」というくらい、急激に評価を得ていったのです。

星を取ったおかげで信頼が上がり、いい食材やワインも手に入るようになったし、優秀なスタッフも集まり始めた。いい店をつくれる状況が整い、さらに上を目指そうとするパッサージュ53の、これからの展開が本当に楽しみです。

オリジナリティと本質を考える

佐藤シェフは、自分がこうと思ったこと以外のこと、満足しないことはやりたくないというほど頑固な人。「お客さんが望んでいるものを考えて、料理をつくらない」と語るのも、けっしてわがままではなく、自分がわかっているからゆえのことでした。

「フランスでは、味噌とか醤油とか、わさび、抹茶といった和食材を使えば、簡単に評価は得られるし、そういうレストランがあまりにも多すぎます。そもそも質のいい日本の食材は、あまり手に入らないんです。やるなら中途半端なものではなく、自分の知りうる限り最高の食材を使いたい。そうやって一切曲げずにやってきたせいで、時間がかかってしまいました」

パッサージュ53
佐藤伸一 シェフ

目先のことにとらわれずにやっていくこと。それが自分のオリジナリティであり、正しいことだと信じていたのです。もちろん一つ星から二つ星になったことで、評価のされ方はより厳しくなったし、今までと同じような料理をつくっても、お客さんは満足してくれません。

しかもパッサージュ53には、今回取材をしたレストランの中でも、もっともお店が狭いというデメリットがありました。店内には、ここで料理を運ぶなんて考えられないというくらい急な螺旋階段があって、環境はけっしていいとはいえません。実際に、私も訪れたときには、かなり慎重に上り下りしたほど。

「でも、だから無理だって決めつけてしまったら、前には進めません。三つ星を『取ります』というのもなんだかおかしいので、『取りたい』ですね。そのためならできるだけのことをするし、自分自身もスタッフも常に進化していきたい。くじけそうなときは、毎日ですけど（笑）」

佐藤シェフは、「今、世界中で流行っている料理を否定はしないし、面白いとは思うけれど、おいしいと思えない料理も多い」と話してくれましたが、私もそれを感じることがあります。

星を取っているレストランに行けば、たしかに必ず驚きがあります。「分子料理」と呼ばれるような、科学の視点から考えた斬新な発想の料理もあるし、見た目にこだわったものもある。でも、それでは本質を見失ってしまう可能性もあると思うのです。

「一つ星を取る前は、やることも見えていたので、目の前にあることをただがむしゃらにやるだけでした。今もお客さんの意見でぶれそうになったりすることもあるけれど、どんなことを言われても、自分の信念は貫かないと。やっぱり誰かららも『おいしかった』って言って帰ってもらうために、それを一番大切にしてますね」

なんでもかんでもお客さんに合わせてしまったら、自分がなくなってしまう。この言葉のとおり、パッサージュ53の料理は本当においしかったし、久しぶりに料理で感動させられるレストランだと感じました。

お金はもらえないと思っていたほうがいい

「日本人の強みは、やっぱり仕事が丁寧で一生懸命働くことでしょう。今までフランスで日本人がなかなか活躍できなかったのは、有名店のコピーみたいな料理ばかりをつくっていたからだと思うんです」

もちろん何十年も前から頑張ってきた人たちがベースをつくったから、日本人が活躍できるようになったのは間違いありません。ただ、ここ数年とくに活躍するシェフが多く出てきたのは、海外のコピーをするのではなく、日本人であることを大事にしていたから。たしかに、本書で取材をした人たちはみな、必ずオリジナリティというべき武器を持っていました。

最後に、海外で活躍したい人へのアドバイスとして、佐藤シェフが重要だと考えているポイントについてたずねてみました。

「まずは、お金を貯めてから来ることですね。なぜかといえば、タダでもいいというくらいの思いでやらないと、働きたいところで仕事はできないから。それから、苦労する準備をしてくること。私自身も、明日家賃の引き落としなのに銀行にお金が入っていないというどん底の状態になったこともあります。それでもなんとか生きていける方法を見つけられるように、とにかく工夫をすることですね」

ワーキング・ホリデーの制度ができたので、フランスでは、以前に比べて格段に働きやすい環境が整っています。でも、お金がもらえなくても、自分の勉強になればいいという気持ちで来ないと、いい仕事はできません。そして、たんに「お勉強をしに行きます」というのではなく、最初から苦労をする心構えをしておくこと。

ここまでの話からもわかるとおり、お金で相当な苦労をしてきた佐藤シェフらしい意見です。レストランがなかなかオープンできず苦労していた時代には、ワインを仕入れて売ったり、ブランド物の買い付けもしていたそうで、「お金がないからあきらめるんじゃなくて、本業で稼げないなら副業をすればいい」というアドバイスもしてくれました。

また一時やっていた出張料理では、図らずもこんなスキルが身についたそうです。

「出張料理って、人の家に行くじゃないですか。すると、当然ですがレストランのような道具は揃っていません。制約がある中で、どうやって最大限おいしい料理をつくるか。そのトレーニングができたのはよかったですね」

食材も調理器具も、何でも揃っていて、やっといい料理がつくれると考える人もいるでしょう。会社なら、十分な予算があって、十分な人材がいてこそ、いい仕事ができるというように。しかし、そうした考え方をしていると、いつまでも力はつきません。

厳しい環境は、自分を強くしてくれるトレーニングのようなもの。今、会社に勤めている人も、恵まれた環境で仕事をするだけではなく、あえて制約ばかりのところに飛び込んで、意識して自分の能力を上げることにチャレンジしてみるといいでしょう。きっと、あとあと必ずプラスになる財産が得られると思います。

『ミシュランガイド フランス』で
日本人最年少の一つ星を獲得

「競争なんかしないほうがいい」

フランス　ケイスケマツシマ

松嶋啓介　シェフ

Keisuke Matsushima / Keisuke Matsushima

1977年、福岡県生まれ。専門学校卒業後、「ヴァンセーヌ」をへて渡仏。2002年、ニースに「Kei's passion」をオープン。2006年に外国人最年少でミシュラン一つ星、2010年にフランス芸術文化勲章を受章。2009年、東京・神宮前に地産地消をテーマにした「レストラン アイ」をオープン、同店も一つ星を獲得。

就職はフランスへ行くためのステップ

「小学生のときに、母親が言った『フランス料理でもやってみたら』という一言で、もう決めてましたから。料理をやるんだったら、本場のフランスに行って学ぶべきだって。それが一番最初ですよね」

お母さんの一言をきっかけに、料理の道を志した松嶋啓介シェフは、2002年にフランス・ニースにレストランをオープンし、外国人として最年少で一つ星を獲得。さらに日本人シェフとして初めて、フランス芸術文化勲章を授与され、現在は東京でも「レストランアイ」を経営しています。

彼の実家は農家で、子どもの頃から畑を耕しては、ニンジンをとったり、大根をとったり、鶏を絞めたりしていました。本人も「食材に触れる機会が多く、食に対する関心が多く持てたのが、自分のアドバンテージ」だと語るほど。

高校時代はサッカーをしながら、どうやったらフランスに行けるんだろうと考える日々。そして東京の辻調理師専門学校に入り、就職活動をする時期に、まずやったことがとても変わっていました。

「フランス滞在歴が一番長いのは誰か、日本で働いてるシェフの経歴を全部調べたんです。そういう滞在歴の長いシェフのところに行けば、フランス人とのネットワークもあるだろうと思って。就職活動ということでタダでオーナーシェフの話が聞けるので、夏休みを返上して、10軒ぐらい面接しに行ったんです」

お金のためではなく、自分の成長のために働きたいという、視点がまず違う。このときからもう、働くことをフランスへ行くためのステップとして考えていたのです。

そして就職先に選んだのは、酒井一之シェフの渋谷「ヴァンセーヌ」。酒井シェフは当時、フランス料理研究会の事務局長を務めていて、横のつながりを大事にしていたことも、就職を決めた理由でした。

「僕にとってフランスに行くための一番の準備は、やっぱり滞仏歴の長いシェフのところで働くこと。そうすれば、フランスで働くために必要なものが何かっていうのがわかると思ったんです。行きたくて行きたくてしょうがないから、働いてるときも『最低限、何を学べばいいですか？』しか言ってませんでした（笑）」

フランスで成功するにはどんな方法が一番いいのか、探しながら働く。たとえるなら、受験をするときに、合格体験記を読んで臨むようなもの。まさに本書も、海外で働きたい、活躍したい人にとっての参考書になってほしいという思いから、まとめたものです。

料理の技術以外でも差別化はできる

ヴァンセーヌで学んだ「最低限」とは、次のようなものでした。「料理用語くらいはしゃべれるようになりなさい、書けるようになりなさい。キッチンはどうせ、最初は使いものにならないんだから、魚がおろせて、鶏と羊さえさばければ雇ってもらえる」と。

さて、本書に登場するシェフたちはみな、厳しい環境で何年も修業して海外に渡っていますが、彼は少し違っていました。本当に最低限のことしかやっていないので、修業先のフランス人からも「おまえみたいな仕事のできない日本人は初めてだ、でもおまえみたいに言葉がしゃべれるやつは逆にいない」と言われたほど。

最低限しか料理ができないのにフランスで活躍できた理由、それは語学力があったからといっても過言ではありませんでした。

「フランス語は1年ぐらい勉強していました。お金がないから、NHKのフランス語講座のテキストを買って、あとはとにかく書いて覚える。若いときは、いつも6時くらいに起きて、そこから出社するまでの2時間くらい、本を読むかフランス語を勉強するって決めていたんです」

留学の経験がないのに外国語ができるようになった人たちは、多かれ少なかれみな、NHKのお世話になっているものです。ただ、修業中は労働時間が長く、寝る時間も少ないですから、勉強を続けるのはなかなか大変。しかもスクールに通うのではなく自主的に勉強するなんて、意志が相当強くないとできないでしょう。

そして語学の勉強のほか、もうひとつ大事にしていたのが、フランスの地方料理について学ぶこと。酒井シェフが書いた『フランス料理の源流を訪ねて』(同朋舎出版)という本は、毎朝何回も何回も読んだ、料理のバイブルなのだそうです。

「フランス料理の基礎というと、日本では、オムレツを巻くことだったり、コンソメを引くことだと言われていますが、料理の基礎はそこじゃない。酒井さんは雑誌で、食材がどこの地方で生まれて、どこの出身かということ、つまり食材のオリジンを知ることがフランス料理の基礎であると書いていたんですね。それを読んだときに、あ、この人、他のシェフとまったく言うことが違うと思って、心を打たれたんです。それがヴァンセーヌを選んだ理由のひとつでもありました」

もちろん料理の技術も磨いてはいましたが、フランス語や現地の地方料理についても積極的に学んでいた。他の人と技術で差別化する人もいれば、それ以外の要素で差別化することだってできるのです。

観光ビザでレストランを転々と

アルバイトも含めてヴァンセーヌで2年間修業をしたあと、松嶋シェフはフランスへと渡りました。他のシェフたちに比べれば、かなり短い修業期間でしたが、フランス行きを決めたときには、当初の目的どおり、酒井シェフに就労証明書を書いてもらうことができました。

「証明書を持って、フランスのボーヌという町のレストランに働きたいとお願いをしに行きました。そうしたら1軒目で、『わかった、いつから来れる？』って（笑）。でも、そこはミシュランの星を落としたばかりで、シェフがノイローゼぎみになってしまって……。次に勤めたレストランでは、働き始めて2日目に、貸してもらった部屋に犬がたくさん入ってきて、自分の荷物が全部グチャグチャに噛み砕かれてしまったんです。『おまえは日本人で、研修生だから弁償しない』と言うので、人として許せないと思ってすぐに辞めました」

日本での修業期間も短いですが、フランスでの修業スタイルも変わっています。1ヵ所のところで長く働くのではなく、3ヵ月おきくらいに転々と、いろいろなレストランで働いているのです。

その後、ニースをはじめ南仏を回り、たどり着いたのは、リヨン近くのオーベルニュ地方の小さな村。当時二つ星（現三つ星）の、レジス・マルコン氏が営むレストランでした。

「日本人スタッフからも『ケイスケさ、おまえ仕事できないけどガッツはあるよね』なんて言われて。とりあえず言葉だけは話せるから、『シェフが、お給料はいつ払うと言ってますよ』って、僕が通訳していました。普通の料理人のキャリアとは、たぶんまったく違うと思いますね」

「レジス・マルコン」は、当時すごく勢いのあるお店で、ここで修業をしたと履歴書に書いておけば、どこの店に行っても「働いていいよ」と言われるほど。そして、ここで3ヵ月ほど修業をしたのち、一度日本へと戻ります。

「観光ビザだったので、3ヵ月ぐらいしかフランスにいられないんですね。だから働き始めると、すぐに次のお店を探すために手紙書いて。当時、フランスでの給料はわずか4万～5万円。お金を稼がなきゃいけないから、日本に帰って、料理人ということを隠して赤坂プリンスホテルでバイトをしていたんです」

フランスと日本、そしてレストランを転々とする生活を2～3年繰り返すうち、当時付き合っていた彼女との間に結婚の話が持ち上がりました。そこで一度は日本で働き始めたもののやはり合わず……。「日本にいたら自分の感覚がおかしくなる」と思った彼は、フランスへ戻ることを決めました。

三つ星レストラン「ジャルダン・デ・サンス」などで半年間過ごし、結婚するならきちんと労働ビザを取ってくれるところでないと無理という結論に至ったのです。

その後、労働ビザをくれるという約束で、あるレストランで働き始めますが、ビザの話が進まないばかりか、給料すら出ない。もう籍を入れてしまったこともあって、いよいよ追い込まれてしまいました。

自分の店をつくるというウルトラC

「最低でもフランスでスーシェフぐらいまでならないと、日本に帰っても役立たずだと言われるので、絶対に結果を出さなきゃいけない。お店にいるときに、自分がつくった料理がメニューになるという経験もしていたし、もうちょっとこの国で頑張ろうと思う。彼女には、そんな話をしたんです」

奥さんと、他にフランスに残れる方法がないか話していたときに、ひとつのアイデアが浮かびます。それはお店を持つこと。お店を買うともらえる商業手帳がビザの代わりになるので、自分で店を始めればOKというわけです。

ただし当時は、自分の店を開いている日本人はほとんどいない状態ですから、もっともハードルが高い選択肢。お金もなく、どうしようかと途方にくれている松嶋シェフに、奥さんはこう言いました。

「お金なら私が持っているから、店を出せばいいじゃない。あなたは今困ってるけど、そのうち逆になることもあるでしょう」

現在でこそ、フランスで多くの日本人が活躍し、信用もあるので、労働ビザを取ってもらうことはずいぶん楽になりました。でも、彼がフランスと日本を行き来していた当時、労働ビザをもらえた日本人はとても少なかったのです。それしか方法がなかったとはいえ、いきなり店をつくる後押しをするなんて、なんてすごい奥さんなのでしょう。

「たまたま街をウロウロしていたときにいいなと思っていたお店と、不動産屋さんが紹介してくれた物件が同じだったんです。しかも、2月22日に結婚して、22番地だったので、これはたぶんやりなさいってことだと思って。お店なんか開くとは思っていなかったですからね、ノリですよ（笑）」

店を始めることを決めたものの、権利の買い方も含めてわからないことだらけ。商業用語について書かれたフランス語の本を買って、日本に帰って必死に勉強をしました。

ひとつよかったのは、サービスの経験があったこと。普通、料理人はお客さんと直接応対するサービスの仕事はあまりやりたがらないものですが、彼は違いました。いろいろな能力を組み合わせることが、オリジナルの強みになったのです。

「ヴァンセーヌで働いてるときに、そういう経験もしていたので、店をどう回さなきゃいけないかはわかっていました。20席ぐらいの小さなお店だったら、自分がシェフをしながらでも見られるなと思って。いまだに支配人がバカンス中は僕が支配人をやっているし、ソムリエがいないときも自分でやっています」

そして2002年5月、ついにニースに自らの店をオープンさせました。店を始めるとすぐ、地元で有名なシェフがジャーナリストを紹介してくれて、新聞に記事を書いてくれることに。それが評判を呼び、1ヵ月もたたないうちに満席状態の人気店になったのです。

料理を学ぶというより、考え方を学ぶ

店を始めるときに決めたのは、「1年目は、原価度外視で、自分が働いてきたお店の料理をつくろう」ということでした。

「僕は修業中でも、店に食べに行ったときでも、二つ星のスタイルってこうだなとか、三つ星のスタイルこうだなって、いつもそのシェフの料理を勝手に分析していたんです。1年目は自分のスタイルなんか確立できるわけがないんだから、とりあえず今まで働かせてもらった店の料理をつくろうと思っていました」

「ワサビをおいしく食べられる方法がないか」とフランス人から言われ、偶然誕生した「ミルフィーユ・ドゥ・ブッフ」というオリジナル料理こそ出していたものの、それ以外

は今まで自分がつけていたノートのレシピでつくっていただけ。その土地にある食材で料理をつくり続けていれば、自分のスタイルが見えてくるのではないかと考えていました。

そして2年目はクリエイト、自分の考えた料理をつくる。すると3年目には、もう自分のスタイルがなんとなく確立されたそうです。これほど早く自分のスタイルやオリジナリティが見いだせたのは、修業中にしていたこんな癖のおかげでした。

「いつもシェフに『なんでこの料理をつくろうと思ったんですか?』と聞いていたんです。すると、ここにはこういう食材があって、こういう季節だから、という理由を教えてくれます。日本人って理由を聞かないで、レシピだけを覚えちゃうんですよね。それだと、自分がもしお店をやったときに、たぶん困るだろうなと思っていたんで」

料理を学ぶというよりも、なぜつくったのかという考え方を学ぶ。それは、彼の言葉を借りれば「フランス人の料理人、シェフになるための考え方を勉強した」ということ。

面白いことに、フランスには修業経験のないシェフが、かなりの数います。酒井シェフの友人でもあり、当時三つ星を取っていたマーク・ヴェラというシェフはもともと羊飼い。

他にも、女性で56年ぶりの三つ星シェフとなった「メゾン・ピック」のアンヌ＝ソフィー・ピック氏、元三つ星のオリヴィエ・ロランジェ氏やマルクムノー氏、もともと芸術家だったミッシェル・トラマ氏などがいます。

「感性だけ、自分の味覚だけで、あれだけのシェフになることもできる。だとすると、シェフになるのに必要なものって、もしかしたら料理の修業だけじゃないなっていうのが、頭のどこかにあったんでしょうね。実際、キッチンで働いていても、シェフは作業は一切しないですから。フランスは、お皿がよければそれでいいという国。日本だったら、どこどこで働いたなんてプロフィールに書かれますけど、そんなの誰も気にしていないんです」

自分で料理をつくらないことには人に伝えられないから、3～4年は実際に厨房に立ち、鍋を振る。成功するために必要なことを徹底的に分析・実行して、自分のスタイルが見つけられたら、本当の意味での「シェフ」になろうと決めていました。

「いろんなジャーナリストから『日本人なんだから、日本の食材を使いなさい』って言われるんです。でも、それをするくらいなら僕は日本に帰ります。この国に来て、この国が、この食材が好きだから使っているんですから」

大事にしているのは、人とのつながり

自分のスタイルが固まっていくにしたがって、評価は確かなものになっていきました。ミシュランの「期待の星賞（エスポワール）」を受賞したり、レストランガイド『ゴー・ミヨ』のフランスの若手シェフ5人に選ばれたり。この理由をたずねると、「フランス語がしゃべれたからですね」という答えが返ってきました。

「たぶんですけど、かつてフランス料理がヌーベル・キュイジーヌ（新しい料理）になったのって、言い換えれば、料理人が表に出るようになったことだと思うんです。僕はサービスをやっていたから表にも出られたし、お客さんとコミュニケーションもできる。ジャーナリストからの受け答えも普通にできたというのが大きかったと思いますね」

もちろん語学ができてサービスができても、料理がダメなら評価されることはありません。でも、違う能力をかけ合わせることで、他の人と差別化できるというのは間違いないでしょう。

「1年目、2年目なんかは、とりあえず顔を売らなきゃって思って、わざと自転車で食材を買いに行ったり、飲まなくてもいいのに寄り道してコーヒーを飲んだりしていました。日本人がいないから、すごく目立つんです」

あえて、自分を知ってもらう、自分を売る「演出」もしていたというのです。当時、パリには吉野建シェフの「ステラ マリス」をはじめ、日本人オーナーシェフの店が何軒かあったものの、ニースなど地方にはまだ誰もいなかったので衝撃もあったのでしょう。日本人であること、そしてパリという激戦区ではないという地の利もあったと思います。

「僕はたとえ3ヵ月しか働けなくても、意地でもフランス人に名前を覚えてもらおうと思って、コック帽の裏に、でっかくアルファベットで『K』って書いてたんです。辞めても、毎年必ず年賀状も送っていたし。人脈をつくるということだけについては、異常に執着していたと思いますね」

とにかく大事にしているのは、人とのつながり。ジャーナリストはもちろん、シェフや料理人、そしてお店の近所の人たちまで、そうした人脈をつくることは、海外で活躍するコツのひとつだと思います。

「僕、料理のことでスタッフを怒ったことほとんどないんです。それよりも、こだわらなきゃいけないのは、人とのつながり。やっぱりお店をやっていくなら認められなきゃいけないし、地元にも貢献しなきゃいけない。まわりの人たちに支えられてお店が成り立っているというのが、身に染みてわかっているので」

競争なんかしないほうがいい

ニースで店を始めるとき、彼は奥さんから10年間の予定表を出しなさいと言われました。そこには、何年後に星を取るとか、日本でもお店を出すとか、10年分の目標がたくさん書かれていて、その後ほぼ予定どおりに進んでいるのだそうです。

オープン4年後の2006年には、ミシュランの一つ星を獲得。そのとき、かの有名シェフ、ポール・ボキューズ氏から、お祝いの電話がかかってきました。彼のもとで修業をしていたわけでもないのに、気にかけてくれていたことにびっくりしたといいます。

「料理人って、こうやって育っていくんだなというのを知りました。星付きシェフの会合にも参加させてもらって、料理だけじゃなくて料理人としての振る舞いや、料理業界をどうやってつくっていくかという話を聞いて、やっぱりフランスって偉大だなと思ったんです」

料理人と呼ばれることが嫌で、一経営者として見られたいという松嶋シェフは、この本に登場するどのシェフとも視点が違うと感じました。本人も、自分と同じやり方をしようとするのは危険かもしれないと言っています（もちろんいきなり店をつくるなんて、マネのしようがないと思いますが……）。

最後に、なぜ今のフランスにチャンスがあるのか、その理由を2つ教えてくれました。

「フランス人って、ある程度修業をしたら、みんな海外に出て仕事をします。フランスだと給料が少ないから、アメリカやイギリスに行って稼ぐわけです。それは社会の仕組みのせいだと思うんですけど、逆にそのおかげで、フランス国内で外国人が活躍できるチャンスが生まれるんです」

また1990年代に徴兵制がなくなったことも影響しているといいます。彼より上の世代のフランス人には兵役があったので、規律もしっかりしていてリーダーシップをとれる人が多いけれど、今の若い世代にはそれがない。こうした事情もあって、空洞化をしたところに、日本人が上手に入っていっているというわけです。

「競争の原理にのって、競争していることで自分に安心感を与えている人もいるじゃないですか。頑張っているって、自分から言いたいというような。でも、競争なんかしないほうがいいですからね。モノポール（独占）になることのよさに、みんなもうちょっと気づいたほうがいいと思いますね」

世界的に有名な三つ星レストラン
「プラザ・アテネ」元スーシェフ

「選択肢が狭いからこそチャンスがある」

フランス　レストラン・ケイ

小林 圭 シェフ

Kei Kobayashi / Restaurant Kei

1977年、長野県生まれ。1999年渡仏、「オーベルジュ・デュ・ヴュー・ピュイ」はじめ有名レストランを回り、2003年パリへ。世界的シェフ、アラン・デュカス氏の三つ星レストラン「アラン・デュカス・オ・プラザ・アテネ」で働き、最後の4年間はスーシェフ。2011年、パリに自らの店をオープン。2012年に一つ星を獲得。

「アレルギーだから魚は触れない」という嘘

現在、パリで自らの店「レストラン・ケイ」を営む小林圭シェフが、料理の道に入ったのは16歳のとき。地元長野の「東急ハーヴェストクラブ」というリゾートホテルでキャリアをスタートし、そこで4年ほど働いたあと東京へ。2~3店のレストランに勤め、21歳のときにフランスへ渡りました。

フランスでは、日本のシェフの紹介でブルターニュのレストランで働くはずが、行ってみるとなぜか、その話が通っていなかったそうです。

「パリで2ヵ月くらい立ち往生してしまったんです。すごくショックを受けたし、お金もなくて栄養失調になってしまいました。でも、これまで日本で遊んできたわけじゃないから、厨房にさえ入れればなんとかなると思って。いろんな人から、『ビストロだったら紹介できる』って言われたんですよ。でも、そういうところには全然興味がありませんでした。やっぱりこっちには、二つ星・三つ星のレストランで働くというイメージで来ていたので」

こうした状況に追い込まれたら、きっと多くの人は、なんとなく妥協して数軒の店を回り、「フランスで2年修業してきました」と言って帰ってきてしまうことでしょう。でも彼には、高い目標がありました。まだ21歳と若いのに、とにかく何をしたいのかが明確だったのです。

フランスで絶対に身につけたいと思っていたスキル。それは、日本であまり学ぶことのできなかった、肉料理の腕を磨くことでした。

「一番最初に入ったのは、『オーベルジュ・デュ・ヴュー・ピュイ』というレストランでした。やっぱり日本人といえば、魚をさばくのが上手というイメージですから、そういう仕事を与えられます。でも、自分は魚アレルギーだから触れない、肉をやれないなら辞めると言ったんです」

もちろん、これは嘘。普通「魚をやって」と頼まれれば「はい」と言ってしまうところ。でも、それをしていては、うまく使われる人になってしまいます。海外で活躍するには、たとえ嘘をついてでも絶対に身につけたい、絶対に譲らないという強い思いが必要です。そしてそれを、はっきりと主張して伝えることも。

「技術って、やればどんどん上がっていくものです。でも、ある程度のスキルを得るまでにかかる時間は決まっていて、魚も肉も合わせてトータル10年くらいだと思うんです。日本では、休みの日も研修に行ったり、どこかに食べに行ったり。東京にいたときは、となりに住んでいたシェフのところに行って、ご飯を食べながら、昔の料理人のビデオを観たり。起きている間は、ずっと料理のことばかり考えてきました。自分は高校を辞めたこともあって潰しが利かないから、もう料理しかないんですよね。だから徹底的にやってやろう、と」

「21歳だったけれど、他の25歳にも引けを取らないと思っていた」と語るように、年が若いから自分にはまだ早い、そう言っていたらチャンスはつかめません。彼には、遊びたい盛りにも、真剣に下積みをしてきたという自信、絶対できるからやらせろという強い意志がありました。これはきっと、努力をしてきていたからこそ言えることなのでしょう。

海外で活躍しているシェフたちと話すと、20代前半に海外へ渡った人が多いことに気づきます。むしろ、日本の古いスタイルがガチッと身についていないほうがいいのかもしれません。何かを任されたときに「やったことないけど、やれる」と言えてしまう、ようは、怖いもの知らず。知りすぎていると、もし失敗したら嫌だという考えがよぎって、どうしても守りに入ってしまいますから。

会社で一度も働いたことがない人が面白いビジネスを思いつくというのは、アメリカのベンチャー企業などでも、よくあるケースです。話を聞いてみると、「自分でいいと思ったことをやっているだけ」と言いますが、自由な発想で考えられるのは、一般的な会社を知らず常識に縛られていないから。そういうスタイルが、今の時代に合っているのかもしれません。

選択肢が狭いからこそチャンスがある

フランスへ渡ったとき、彼はフランス語がまったく話せませんでしたが、それでも苦労をした記憶はないと言いきります。

「日本でもそうですが、料理って『見て覚えろ』という世界なんですね。もちろん修業時代も、上の人たちは、本当に何も教えてくれませんでした。そうすると彼らが今、何をやっていて、自分は何をするべきか考えるじゃないですか。もともと、そういう環境で修業していたのがよかったのかもしれません」

しかし、最近はゆとり教育の影響か、教えてもらわないとできない、指示されるのを待っている人が多くなっています。現在、レストラン・ケイのスタッフは半分がフランス人、その他の半分がイタリア人、アメリカ人、ブラジル人、日本人と、かなりの多国籍。海外で働くというのは、ある意味で、勝負をしに来ているということですから、言葉はできなくても自ら動かなければいけない。そういう覚悟が必要なのです。

「それでついて来られないんだったら、辞めてもらうしかありません。フランスでやっている以上は、それしかないと思うんですよ。最終的には、どれだけ料理に対して集中力が持てるか、どれだけ料理を求めているかですよね」

自分を、どんな環境に置くかというのは重要です。フランスにいても日本にいても、楽なところばかりを選んでいては、なかなか成長できません。海外に行くと日本人が働けるところは限られているし、選択肢も狭くなる。でも、あえて自分を厳しい環境に置くことで、自然と身につくこともあります。そして逆に、選択肢が多いことがマイナスになることだってありえるのです。

「フランスは今、週35時間労働で、労働者がすごく守られています。しかも、フランス人ならビザの心配がありませんから、働ける場所もたくさん。だから、もうちょっと大きい2交代制のレストランに入ろうとか、楽なほうに流れてしまう人も多いんです。一方で日本人は、働ける店を探すだけでも大変。私の修業時代のように1日12時間で週6日ほど働くと、倍ぐらい就業時間が違うわけです。すると、最初の段階でレベルに差ができてしまう。楽をしたら次のステージにステップアップしようと思っても、なかなかうまくいきませんよね」

現地の若者だけが守られて、外国人はかわいそうと思いがちですが、そうではありません。ファーストステージを頑張った人たちからすれば、実はチャンスがゴロゴロ転がっている、そういう時代なのです。

ポジションに甘えず、名前を活用する

2003年、世界的なシェフ、アラン・デュカス氏の手がける三つ星レストラン「アラン・デュカス・オ・プラザ・アテネ」に移り、そこで7年間働きました。

当時のプラザ・アテネは、パリで一番ともいわれ、世界中から注目を集めるレストラン。修業時代の最後の4年間は、そこで料理の責任者ともいえるスーシェフを務めましたが、その立場にいても、彼には常にジレンマがありました。

「実務的にはトップでしたけれど、シェフではありませんよね。やっぱり自分が何をやりたいのかってていえば、上に立ちたいわけじゃないですか。最後の3年くらいはずっと辞めたいと言っていたんです。上を目指そうという人ならともかく、普通にやっている料理人は辞めて違う場所に行ったら、給料が下がるわけですね。だから、シェフのポジションがなかなか空かないんです」

プラザ・アテネの2番手といえば、レストラン業界では神様のようなポジション。なの

に、もっと上を目指したいという、その精神がすごい。極端な話、よっぽど変なことをしない限り、ずっとそこに居続けることもできるでしょう。もちろん、スーシェフが大変でないとはいいませんが、自分で店を開くのに比べれば楽だと思うのです。

「楽ですけれども、あとがないですよね。そのとき自分が33歳で、ムッシュ・デュカスが54歳、20歳近く上でした。彼があと10年店をやっているかっていったら、わからない。でも、自分は最低でも20年以上はこの仕事をしていくはず。そうしたら、やっぱり、なんとかしなくちゃいけないと思って」

ここが思考の分かれ道です。彼のように計算をして考えられるか、今のポジションでいいやと甘んじてしまうか。10年たって、さあデュカス氏が引退するとなったときに、そこから何かを始めようと思っても、もうすでに手遅れになっているでしょう。

そして、辞めるのはもう少し待ってくれと引き止められている間にも、自分の店をオープンするべく動き始めたのです。

「週末には、つながりのあるジャーナリストを家に招いて、料理をつくってどんどん食べさせる。あとは、食材の仕入れ業者にも通って、コネクションをつくりました。やっぱりアラン・デュカスの名前はすごく効くんですね。そして、自分が何か仕掛けたときにまわりが助けてくれるっていう、信頼関係をつくることを目指しました」

ポジションに甘えず、その名前を活用する。今は、スーシェフという、企業でいえばCOO（最高執行責任者）のような立場、でもプラザ・アテネを辞めれば、その肩書きは全部なくなってしまいます。小林圭というひとりの人間に戻ったとき、自分の名前で勝負できるように準備をする。それにしても、家にジャーナリストを呼んで料理をごちそうする料理人は、あまり聞いたことがありません。

「みんながやっていることをただやっていたら、自分のカラーにはならないですよね。働いているときにも、まわりからよくこんな話をされていたんです。『トヨタの部長っていえば、みんなよくしてくれる。でもトヨタをクビになったときに何ができるか、それをしっかり考えろ』って」

ビジネスパーソンの中には、準備もせず、いきなり会社を飛び出してしまう人がいますが、それではなかなかうまくいきません。きちんと仕事で結果を出しながら、準備もする、それが国内・海外問わず、生き延びていくためには必要なことだと思います。

外国人スタッフを上手に使うには？

若いうちにフランスに渡った小林シェフは、そもそも日本人スタッフをマネジメントした経験すらあまりありませんでした。「どうやって外国人をうまく使うのか？」と聞いてみると、答えは「やらざるをえなかった、やるしかないですよね」。

人の教育やマネジメントは、すべてプラザ・アテネのときに学んだといいます。

「誰かから『こういうふうにやれ』と言われたことはありません。でも、常時25人ぐらいのスタッフを見ていれば、この人は続く続かない、この人は合う合わないっていうのは、すぐにわかるようになります。自分が5年くらいいる間にも、何十人も辞めていきましたから」

冒頭に、自分で考えて動かなければいけないという話がありましたが、上のポジションに上がれば上がるほど、その傾向は強くなります。しかも、海外で言葉の壁もある。料理にしてもマネジメントにしても、誰かが手取り足取り教えてくれるわけではないのです。いくら一生懸命勉強しても、知識があっても、飛び込まなければ身につかないことがあります。できるかできないかは考えないで、やらざるをえない状況に追い込んでしまう。矢面に立つ覚悟を持って、あえて自分を厳しい環境に置くのが、力をつけるには一番いいのかもしれません。

さらに、スーシェフをやっている場合と、自分がオーナーシェフの場合では、人の使い方はまったく違います。

「自分がスーシェフで、上にデュカス氏がいるときは、ある意味楽なんです。僕から何を言われても、ここにいたかったら、下の人はついてこなければいけないから。でも、自分がオーナーになると、そうはいきません。三つ星レストランでもないので、下の人もついていくメリットがないんです。だから、どうやったらスタッフのモチベーションが上がるかを考えるようになりました。もうひとつ重要なのは、ある程度以上は求めない。それ以上を求めたら、たぶん明日、明後日には誰もいなくなってしまいますから」

フランスでは本当に、法律によって従業員が守られています。もし無理やり辞めさせたりしたら、絶対に雇った側が負けてしまいます。

だからこそ、今の自分の状況を理解して、日々実践しながら学んでいくことが大切です。前の店のときにうまくいっていたからといって、自分の店でも同じ方法が通用するわけではありません。それに気づけなければ、きっと「なんでこいつ、ついてこないんだ」と言って悩んでしまうことでしょう。

「プラザ・アテネに入ると、とにかくみんな一番下から始まるんですね。スーシェフになるのには2年くらいかかるんですが、自分の持っているものを出していけば、ある程度上に行くのは、そんなに難しいことじゃない。でも、やっぱり自分の店は違いますよね」

人の使い方ひとつをみても、海外で店を構えるというのは、かなりハードルの高いこと。従業員が守られていることに文句を言って、「こんな国でやってられるか」とあきらめてしまうのか、「そういう状況の中で、どうするか」と考えられるか、それも海外で勝負するには大事なことだと思います。

「店を出したい」１００社の社長宛てに手紙を出す

ジャーナリストを家に招くなど、まわりがやっていないことをやる。それを象徴する話が、もうひとつありました。プラザ・アテネを辞めたあと、語学学校に通いながらやっていたことが、とても面白いのです。

「日本のトップ企業１００社を調べて、『こっちで店を出したいから、なんとかしてくれないか』って、社長宛てに手紙を送りました。社長個人宛てにフランスから手紙がくるから、友だちだと思って開けてくれて、返事をくれたりもするんです。別に実際に援助してくれなくても、これをきっかけに自分を知ってもらえて何かの機会につなげられたらいい。話のネタにもなりますし（笑）」

手紙を出すこと自体は、たいした労力ではありません。それでも多くの人がなかなかアクションに移せないのは、どうせ断られるのではないかと思ってしまうからでしょう。そこで、やってみなくちゃわからないと思えるかどうか。つながりをつくるのにルールなんてないのですから。

さて、２０１１年にオープンさせたレストラン・ケイは、個人オーナーが一軒目に手がけるレストランとしては、店構えも内装も、必要以上というほどすばらしい店でした。ミシュランで星を取るには、料理の味やサービスといったソフト面はもちろん、店の内装やトイレといったハード面も重要視されます。ただ、それはかつての話で、今はその基準は少し変わってきていますが。

「一つ星を目指しているわけじゃないんです。ここは、もともとジェラール・ベッソンという、世界的にも有名なシェフが手がけていたレストランで、ずっと二つ星でした。だから、自分がうまくやれば、絶対二つ星でも三つ星でも取れると思って」

始める前から、三つ星になることをイメージして、自分にはこのくらいのステージが必要だと考える。目先のことにとらわれず、先を見て投資する。結局、資金は自分で借りたため、1億円ほどかかってしまったそうです。

フランスという国は少し特殊で、もともとレストランがあったところにしかレストランをつくることができません。誰かがやめたら、次の人が営業権を買って、家賃はまた別に払うシステム。営業権は店の1年間の売り上げの9割くらいといいますから、仮に月1000万円の売り上げだとしたら、最初に1億円ほど必要になるというわけです。

そして、売り上げが上がっていれば、やめるときにそれなりの値段で売れるという、不動産のような仕組み。このおかげで、レストランの絶対数が爆発的に増えることはありません。入り口のハードルが高いぶん守られていて、うまくやればいいビジネスになるというわけです。

しかも、パリという場所のバリューもあります。日本では、一つ星を取っても客が入らないというケースもありますが、パリで一つ星を取ったら、ほぼ確実に常時満席状態。ブランドもできるし、世界中の人がいきなりお客さんになるようなもの。一つ星ですらこうなのですから、三つ星がどれほどかは言うまでもないでしょう。

「フランスで三つ星を取るには、外装もそうだし、料理のスタイルも全部変えないとダメでしょうね。みんながやっていることをやっていても絶対に取れません。やっぱりシェフのキャラクターというかカラーというか、これは彼の料理っていうのがわからないといけないんです」

短い時間で、集中力を上げる

はたから見るとつらいことでも、楽しいとか幸せだと思える。海外で成功する人は、そういう感覚を持っている人が多いと感じます。

「パリで修業をしていたときは、朝8時から早くても夜中の2時、遅いと4時くらいまでノンストップで働いていました。働けるというのがまずうれしかったし、すぐに肉を任せてもらえたし。任せてくれたんだから、やっぱり自分も何か返さなきゃいけないと思ったんです。労働時間よりも、自分が何を学べるかっていうのが、働く一番のメリットだったし、あとあと自分のためにもなるでしょう。長時間働いていれば、みんなが5年かかるところを2～3年でできるじゃないですか。そうしたら、早くトップに立てますよね」

修業時代、彼はいかに短い期間で力をつけるかということにフォーカスしていました。これは最初のステージで考えるべき、もっとも重要なこと。人間には、集中すべきステージがあります。ゼロの段階から、この仕事をやると決めて徹底的に働く。このステージ感をわかっていないと、どこに行っても、何の仕事をしてもうまくいかないと思うのです。

「ガストロノミックの世界は、どれだけ集中力があるかで勝負が決まると思います。もちろんビストロでも、おいしいものは出さなきゃいけないでしょう。でも、一皿にかける集中力と時間は、全然違う。たとえばうちの店のスタッフはサービスも入れて15人くらい、対してお客さんは25人だけ。そうすると、どれだけ一皿の完成度を上げていけるか、そこでしか勝負できないんです」

ファーストステージで「労働時間は9時～5時でお願いします」とか「残業はしません」と言っていたら、高いレベルには到達できないでしょう。

長時間働くか、残業をまったくしないか。それはもちろん個人の選択ですから、どちらが正しいということはありません。でも、海外で勝負がしたいのであれば、集中して働く時期をつくる覚悟は必要なのです。

もちろん、ただ長時間働けばいいと言っているのではありません。むしろ、メリハリをつけるべきだと考えて、それを実践していました。

「日本って、レストラン業界にしても他の会社にしても、休憩しないことが美学みたいな感じがありますよね。自分はそれは嫌で、やるときはやる、やらないときはやらない。寝るんなら寝ればいい。でも営業中は、とにかく集中力を120%まで持っていきたいんです」

弱みを直すのではなく強みを伸ばす

「日本人って、世界で唯一と言っていいくらいに、どんな料理でも食べられる民族なんです。今日は中華を食べて、明日はフランス料理、明後日は和食というスタイルが定着しているじゃないですか。他の国の人たちは、絶対そんなことはしません。日本人にはそうした柔軟さはすごくあると思うんです」

日本のプロ野球選手がメジャーに行ったときのこと。チームメイトと肩を並べると、まず体のサイズが違うことに気づいた。彼らと同じようにホームランバッターを目指してもダメで、自分の特徴は確実にヒットを打つことだという話をしていました。

最初は、クラシックなフランス料理を出していた小林シェフも、店を開いてからは、日本人のよさを生かした、自分の料理を出すように変わっていきました。必要なのは、自分の弱みを直すのではなく、強みを伸ばしていくことだと気づいたのでしょう。

「ちょっとフランス語がしゃべれるようになって、仕事ができるようになると、『自分はもうフランス人と変わらない』って言う人がいますけど、それだとダメでしょうね。やっぱりプラザ・アテネのときには、スーシェフが日本人だというのを隠されたりもしましたし。自分に来た取材でも、勝手に受けることはできませんでしたから」

外国人だというデメリットがあるからこそ、余計に強みを意識する。そもそも日本の料理人が、ここまで評価されるようになったのは、ここ7～8年の話。2002年に「レストランひらまつ」の平松宏之シェフが、日本人オーナーシェフとして初めてミシュランの星を獲得したことから始まりました。そういう前の世代の人たちが基盤をつくった結果、今があるのです。

「海外でやっていくには、自分は日本人だというのを忘れないことが大切です。『日本人って何？』『どういう人種なの？』というのを、常に頭に置いて考えていないとまずい。日本から一歩出たら、私たちは外国人ですから。もちろん、自分は国の代表だという自覚も持たないといけないと思います」

その国に合わせるのではなく、日本人のいいところを生かす。そうすれば、もっとチャンスは広がっていくはずです。最後に、海外に行く日本人へのアドバイスを求めると、意外な答えが返ってきました。

「やっぱり言葉は勉強しておいたほうがいいですね。自分の若い頃だったら、『何言ってるの、この人』と思ったでしょう（笑）。でも、仮に30歳でこっちに来たとしても、ずっといるつもりなら、残り30年もあるわけじゃないですか。だったら、目の前の1年を棒に振ってでも、まずはしっかりした語学を身につけてもいいんじゃない？　今はそういうふうに思えますね」

『ミシュランガイド フランス』で
一つ星を獲得

「同じ土俵で戦わず、自分の強みで勝負する」

フランス　レストラン ソラ

吉武広樹 シェフ

Hiroki Yoshitake / Restaurant Sola

1980年、佐賀県生まれ。専門学校卒業後、「ラ・ロシェル」「ル・ピラート」で6年間の修業後、世界を放浪。2008年にパリで修業を始め、2009年シンガポールに「Hiroki 88@Infusion」をオープン。パリへと戻り、2010年「レストラン ソラ」をオープン、2012年には開店からわずか1年強で、ミシュランで一つ星を獲得した。

世界を放浪して見つけた「やりたいこと」

海外でミシュランの星を取っている日本人シェフを、3人も輩出しているレストランがあります。それが「料理の鉄人」でもおなじみ、坂井宏行シェフの「ラ・ロシェル」。そのうちのひとりが、パリのフレンチ「レストラン ソラ」の吉武広樹シェフです。

彼は、福岡の調理師学校を出たあとラ・ロシェルに入ります。3年働いたあと、ラ・ロシェルから独立したシェフがつくった「ル・ピラート」でまた3年、合計6年の修業ののち、1年間バックパッカーで世界を放浪しました。

「アジアからインド、ネパール、エジプトと中東をへて、そこからヨーロッパを回ったあと、アメリカに渡り、そこで1年ぐらい経ってしまったので日本に戻りました。いろんな国を回って思ったのは、フランス料理の偉大さ。やっぱり細かいし、深いし、自分のやりたいのはフランス料理だというのを再確認して、学生ビザを取ってパリに行ったんです」

海外に出てみて、本当にやりたいことが何なのか気づくことができた。しかし、料理人として海外に修業に出る人が多いなか、放浪することに焦りはなかったのでしょうか。

「そのときは、すごくいい毎日を送ってたので（笑）。包丁とか、調理道具一式を全部持って歩いていて、泊めてもらう代わりにゲストハウスのキッチンを手伝ったり、日本料理を教えたり。旅の途中で出会った人の結婚式の料理を任されたりもしました。バックパッカー仲間にも、『料理人はいいな、どこに行っても食いっぱぐれないし』って言われていたくらい。1年間海外で働いても、そんなに毎日、新しいものを得られるわけじゃありませんよね。でも、そうやって旅をしてると、もうまったく違う毎日なので」

大学時代などにバックパッカーとして海外を放浪する人たちはたくさんいますが、何のために放浪するのかという目的がなければ意味はありません。目的がなければ、たんなる旅行で終わってしまいます。彼の場合、はたから見ればキャリアを途中でやめて遊びに行ったように見えるかもしれませんが、1年という時間の投資が、その後の方向性を決めるベースになっていたのです。

世界を放浪するくらいだから、語学は堪能かと思いきや、そうではなかったというのも面白いところ。

「とくにフランス語の勉強はしていないです。世界一周をしていたときは英語でしたけど、それもノリで（笑）。でも、やっぱりお客さんと話していると、自分の語学力の乏しさに気づいて、もっと勉強しないと、とよく思います」

そして2008年に、語学学校に通いながら、パリで修業をスタート。1年半ほどの修業期間のうち半年ほど働いていたのは、佐藤伸一シェフ、岸田周三シェフと同じパリのレストラン「アストランス」でした。当時すでに三つ星で、スタッフに空きが出るまで、半年ほど待って、なんとか入れてもらったそうです。

転機が訪れたのは、2009年10月。たまたま料理のイベントで訪れたシンガポールで、ある社長に気に入られ、店をオープンすることになったのです。しかし、それも長くは続きませんでした。

「働いているうちに、食文化の違いからか、料理に対する関心の低さを感じるようになりました。30歳のときに、シンガポールでやるのはもったいない。もっと敵の多い、ニューヨークとかフランスとか日本、そういうところでやったほうがいいだろうと思ったんです。ただ、日本にあるミシュランの一つ星レストランは、世界に出るとほぼ無名。でもフランスで一つ星を取っている日本人シェフのお店は、ステラ マリスにしても、ひらまつや Keisuke Matsushima にしても、それなりに知名度があります。自分の5年後、10年後を考えたら、フランスでまず一つ星を取ろうと思って」

厳しい中で揉まれることがメリット

シンガポールで開いた店は、とても繁盛していましたが、そのまま楽な道を進むことはしませんでした。さらに高い目標を掲げてフランスに戻る決心をした吉武シェフは、修業時代に出会ったパートナーと一緒に、２０１０年11月、レストラン ソラをオープンします。

パリでも勝負ができる、彼には自信がありました。理由のひとつは、シンガポールでやっていたレストランの評判がすごくよかったこと。もうひとつは、ラ・ロシェルでの修業時代の経験にありました。

「当時、坂井さんの店では、フランス帰りの先輩がバリバリ働いていて、すごく厳しかったんです。朝早くから夜遅くまで、休みもほとんどなくて。すると、いろいろなところで出会った料理人と一緒に働いていても、基礎の違いがわかるんです。ゆったりした中で育ってきた子って、いきなり早く動けと言われても動けない。何年も毎日のように怒られてきたから、ラ・ロシェル出身の新居剛さん（オ・キャトルズ・フェブリエ リヨン）や浜野雅文さん（同オ・キャトルズ・フェブリエ サンタムール・ベルビュー／一つ星）や僕、みんなが結果を出せているんだと思います」

ラ・ロシェルで働いていたのは、「料理の鉄人」の放送が終わってすぐの時期。その頃は、テレビの影響もあって、店にはとくにモチベーションの高い人が集まっていました。

「休みの日にもみんなで農家に行ったり、他の店に研修に行ったり。意識の高い人たちが集まると、おのずと朝店に来る時間も早くなって。誰かが8時に来たら、それより早くとなって、どんどん競争をしてました」

若いときに厳しい中で揉まれることは、メリットになります。レベルが高い仲間と戦うことで、自分のレベルが自然と上がるのです。夜が遅い飲食の世界では、朝は遅いのが普通。そこで、みんながダラダラしていたら、きっと流されてしまう。でもみんなが朝早く来るとなれば、そうせざるをえないでしょう。

仲間のモチベーションが高いということは、つまりいい意味での「ピアプレッシャー」があるということです。そのおかげで身についた料理の基礎は、フランスでやってきた日本人はもちろん、フランス人と比べてもずば抜けたものでした。

「フランスは週5日労働が原則。しかも、休憩時間にはみんな一度帰って、短い時間で集中して働くというのが基本です。あと、やっぱり仕事は仕事、プライベートはプライベートで分けますよね。でも日本人には、仕事もプライベートもすべて仕事に費やすような人たちが多い。週に1日多く働いてるっていうことは、年間で何十日、それを10年やれば、1年分ぐらい違います。正直、全然負ける気がしませんでしたし、もし負けたら、今までやってきたことがすべて否定されてしまうというか」

フランスでの修業時代もまた、アストランスという、高いレベルの中で揉まれたことがよかったのでしょう。ここまで自信にあふれた吉武シェフをして「あそこのフランス人はちょっとおかしい」と言わしめるくらいモチベーションの高い人材が集まっていたのです。

「ちゃんと休んではいますけど、仕事のときの集中力は圧倒されるぐらいすごいんです。しかも、休憩中もランニングに行ったりしていましたから、ありえないですよ（笑）」

同じ土俵で戦わず、自分の強みで勝負する

フランス人には負ける気がしないとはいえ、彼らにとってフランス料理は自国の料理で、日本人はよそ者。普通なら、対等に勝負していくうえで、かなり不利なのではないかと考

えてしまいます。

「今は、世界中でつくられている料理に枠がありませんよね。どこでどんなことを学んだかによっても変わってくるし、どこの国の料理というより、その人自身の料理というか。たとえば僕は、和の食材はもちろん、アジアも回っていたのでそこの食材も使います。もちろんカテゴリー的にはフランス料理に入りますが、自分で言っているわけでもないし。だから、フランス人だから有利とか、日本人だから不利ということは、まったく感じたことがありませんね」

これはフランス料理に限らず、ビジネスでも同じです。現在は、日本だから日本のビジネスのやり方でなくちゃいけない、フランスだからフランスのやり方でなくちゃいけない、という枠はありません。たとえば現にアマゾンは、世界中で同じビジネスをしています。もちろん、少しそれぞれの国向けにカスタマイズはしますが、国籍は関係ない時代になっているということでしょう。

「伝統的なフランス料理の牛頬の煮込みをつくるとか、もしそういう大会があれば、フランス人に比べて不利になるとは思います。でも、いい食材を使って、クラシックな技法で……という、いわゆるフランスの三つ星の料理と、僕のやっている料理では、もうまったくカテゴリーが違う。そもそも同じ土俵に立って戦おうとも思わないし、僕は僕で評価をしてもらえて、それで毎日お客さんが入ればいいと考えています」

自分の強みで勝負する。逆にいえば、欧米人のマネをしたり、フランス人とまったく同じ料理をつくっても仕方がないということ。そしてその強みのひとつが、日本人であることでした。

「たとえばフォアグラのテリーヌをつくるのに味噌でマリネをしたり、佐賀県出身なので、唐津焼や有田焼の皿に料理を盛ったり。自分の特徴は何か、っていうことを強く考えるようになったのは、やっぱりバックパッカーをしたときからですね。いざバッグを背負って出かけてみれば行けないところはないし、飛行機に乗ってしまえば、簡単に世界一周だってできる。せっかく料理の道を目指したんだから、できれば世界で活躍できるぐらいになりたいって」

世界を見て自分の強みを知り、さらに高い目標に気づいてアクションを起こす。やはり、あの1年間はたんなる放浪ではなかったのです。

パリで一つ星を取ることの意味

将来どうなりたいかというビジョンを固めることはもちろんですが、もっと大切なのは、そこから逆算して考えること。目指すべき道がわかることで、自分に必要なものが何かわかるからです。シンガポール時代に、彼が今やるべきだと感じたのは「星を取る」ことでした。

「35歳、40歳になったときには、自分の将来やビジネスのことも考えていかなければなりませんよね。そのために重要だったのが、パリでの一つ星。自分の価値を上げてくれることにもなるし、それがあるだけでビジネスのやりやすさがまったく変わってくるので。まずはパリで一つ星を取って、店をある程度うまく回るようにして、将来的にはまたシンガポールとか、別の場所にも広げていければと考えています」

実は海外にはチャンスがある。これは、今回インタビューをした多くのシェフやソムリエが話してくれたことです。

「パリは世界遺産の街ですから、常に観光客が絶えません。レストランの絶対数が決まっているのもポイントです。レストランが閉まっても、その物件にはまた新しいレストランが入る。日本だったら数がどんどん膨れ上がるんですが、そういうことはありません。だからある程度以上の料理を出せば、どんなレストランでも毎日満席になるんです。最初の資本金が大きいから、急にレストランをやりたいと思っても、そう簡単にはできません。でも、一度信用さえついたら、次の店もやりやすい。そういった面でもパリはすごく魅力的なんです」

前にも説明をしたとおり、パリには、権利を買わなければレストランを開くことができないという特殊なシステムがあります。日本のように、そのへんの住宅街で突然レストランを始めることはできないのです。もちろんレベルは高いけれど、競争率からすれば日本よりも楽かもしれません。

しかも、現在は、日本人であることがデメリットになる時代ではありません。フランスで有名なレストランガイド『ゴー・ミヨ』などを見ても、続々と日本人シェフの特集が組まれる状況になってきています。

「10年、15年前は下に見られていたかもしれませんが、ステラ マリスの吉野さんとか、ひらまつの平松さんとか、みなさんが日本人の地位を引き上げてくれましたから。今、僕たちのような日本人シェフは、すごく評価もされやすくなっていますす。逆に、日本人であることのメリットのほうが大きいと思いますね」

失敗から学んだマーケティングの重要性

「星を取る」という言葉のとおり、レストラン ソラは、オープンから1年少しでミシュランの一つ星を獲得します。そのとき、もっとも重要だったのは、マーケティングでした。

「シンガポールのときは、まったく知り合いもいなくて、オープン1～2ヵ月は、誰も来なかったんです。お金もかけられなかったので、ただでプレスを招待してランチを開いたり、コツコツコツコツやって、やっと3～4ヵ月目くらいから、毎日のように満席になる店にできたんです」

日本ではそれほどでもありませんが、ヨーロッパで星を取るためには、ジャーナリストと良好な関係を築くことが求められます。彼らに自分の料理を知ってもらって、いい評価をもらうことがPRになり、その評判がミシュランにも伝わるからです。

「日本で働いていたときも、シンガポールにいるときも、マーケティングなんてまったく考えていませんでした。でも、のちのちその重要性に気づいたんです。シンガポールでの経験から、何をすればいいか、どこにお金をかけなきゃいけないかもわかったので、パリの店ではある程度スムーズにいきましたね」

ここでも、かつての経験が生きていました。実践することで失敗し、さらにその失敗から学ぶことができるのも、評価を受けるシェフに共通している要素だと思います。

レストラン ソラ
吉武広樹 シェフ

日本人のいいところは「真面目さ」に尽きる

フランスが週35時間労働になったことで、チャンスが広がったというのは、今回の取材でも多くの方から聞いた話。レストラン ソラもやはり、キッチンはフランス人ではなく日本人だけで回しているといいます。

「うちは週5日営業で、日・月が休みですが、月曜日はほぼ全員出勤して仕込みをします。休憩時間だって、あったとしても1日30分くらいという状態。そこにフランス人を入れてしまったら、たぶんいろいろ問題が起きると思うので」

フランス人の全員が全員、怠け者というわけではないし、アストランスの例のように、とにかく集中して効率よく働く人もいるでしょう。でも、一定以上の労働を課すことを法律で禁じられていることが、そもそもフランス人を使いづらくしているのです。そして長時間働けること以外に、日本人がフランスで評価される理由、それはやはり「真面目さ」でした。

「ちっちゃなことでも、本当にすごく深くまで考えるし、日本の調理場でも気をつかうことを叩き込まれています。お客さんに対しても、料理に対しても、スタッフに対してもそう。常に真面目に、一つひとつ丁寧にできるのは、日本人ならではでしょう。ただ、フランス人に比べると頭の固いところもあって……」

1960年代の高度経済成長期、フランスが労働力を確保するため移民政策を行ったことで、パリには現在、いろいろな国・人種の人がいます。そんなこともあって、どんな国籍、どんな考え方の人でも、柔軟に受け入れてくれる土壌があるのでしょう。

今の日本人の評価は、本来持っている真面目さというい部分と、フランスの柔軟さ、その2つがうまく合わさった結果つくられたのかもしれません。

「さすがに注文した魚がちゃんと来ないとか、現地の人のルーズなところは苦労しますね。でも、それにいちいち腹を立てていてもしょうがない。もうずっと海外でやっているから慣れてしまったし、そんなに苦労とも思いませんね。毎日が楽しいので（笑）」

レストラン ソラ
吉武広樹 シェフ

自分を持たないと、便利に使われて終わり

福岡の調理師学校を出たときには、東京に行く人が少なかったので上京することを選び、修業をしたあとには世界を放浪。吉武シェフはいつも、人と同じことをしても仕方ないという発想で行動をしてきました。

「いろいろ大変なこともありますけど、みんなもっと海外に出て、勝負をすればいいいと思うんです。日本にいる人たちはみんなすごい人ばかりなので、あんまり出てこられると困るんですが……」

まさに「外に出たもん勝ち」と言ってもいいかもしれません。私が海外に行った人たちを見ていていつも思うのは、2種類に分かれるということ。力をつけてさらに自分の地位を獲得していく人、そして、ただ便利な下っ端として使われてしまう人です。

「日本人は遠慮がちだから、『僕はこう思う』って絶対言わないんですよね。でも

海外では、それでは通用しません。何かやりたいことがあれば『僕がやる』って積極的に言わないと、仕事もどんどん取られてしまう。もっと、自分のやりたいことを明確に持つことが大切だと思います」

力をつけられるか、使われてしまうか、その分かれ道になるのが「自分を持てるかどうか」ということ。アクティブに前へ前へと進んで、自分で方向性を決めて、チャンスをつかめるかが重要です。

これは料理人に限らず、どんな仕事でもそう。いくら技術があっても、自分がなければ活躍することはできません。とくに日本人は真面目だし、一生懸命働くからこそ、便利に使われてしまう危険もあるのです。

「『この作業をやれ』って言われたらずっとやるし、日本人って我慢をしてしまいますよね。海外に出た以上は、厚かましいぐらいに自分を出していったほうがいい。今はフランス帰りの料理人なんて、日本のそこらじゅうにいるじゃないですか。『フランスで何をやってきたんだ』って聞かれて、『ただ働いてました』じゃ、何にもならない。せっかくなら、意味のある海外生活を送らないと」

ミシュラン一つ星、
トリップアドバイザーでリヨン1位

「デメリットをメリットだと考えられるか」

フランス　オ・キャトルズ・フェブリエ

新居 剛　シェフ

Tsuyoshi Arai / Au 14 Février

1973年、山梨県生まれ。専門学校卒業後、「ラ・ロシェル」で、坂井宏行シェフに師事。10年間の修業ののち、2006年、フランス中部のヴァレンタイン村「オ・キャトルズ・フェブリエ」のシェフに。その後、マントンの「ミラズール」でスーシェフを務めたのち、2009年、リヨンに自身の店を開店。2011年、ミシュラン一つ星を獲得。

30歳、言葉もできないままシェフになる

本書に登場する多くのシェフは、20代前半で海外に渡っている人がほとんど。そんな中、リヨンにある一つ星レストラン「オ・キャトルズ・フェブリエ」の新居剛シェフがフランスに渡ったのは30歳のとき、かなり遅いチャレンジといえるかもしれません。

調理師学校を出ると、フレンチの鉄人・坂井宏行シェフのラ・ロシェルに入りました。そして働き始めて10年目に、現在のパートナーから「フランスでシェフをやらないか」という誘いを受けたのです。

「ちょうど仕事も一段落ついたタイミングで、いいチャンスかなと思って。漠然と、いつかはフランスに行けるんじゃないかと思いながら働いていましたし。フランス語は、オーダーとか技術用語くらいで、会話としてはまったく成立しないレベルでしたけれど」

フランスに渡る料理人の多くは、その後、あらためて現地のレストランで修業をする人

がほとんどですが、彼の場合はいきなりトップ。しかもその場所は、フランスのちょうど真ん中にあるヴァレンタイン村という人口３００人ほどの小さな田舎町で、人のつながりもまったくない中でのスタートだったのです。

「最初は建物以外に何もなくて、まずは改装するところから始まりました。調理器具ひとつ選ぶにしても、家具をどれにするかにしても、会話は全部フランス語。語学学校には通っていたものの、最初は身振り手振りで、写真をプリントアウトして『こういうものはないか』なんてやりとりをしたくらい。仕入れにしても、電話で注文をしたら、鴨のフィレを20枚頼んだつもりが、でっかい鴨が20羽丸々来てしまったこともありました。だからわざわざ1時間以上もかかるマーケットまで直接行ったり。本当に無我夢中というか、ここまで来たらやるしかないという感じですね」

火事場の馬鹿力ではありませんが、人間の本質的な力はこういう切羽詰まった状態になったときに出るものだと思います。海外で活躍できる人間とできない人の差も、これが出せるかどうか。

おそらく言葉が通じない段階で、「やっぱりできない」とあきらめてしまう人もいるでしょう。でも逃げられなくなったときに投げてしまうのではなく、矢面に立って、工夫をすることが自分の糧になっていく。無理やりトレーニングさせられているようなもので、あとあと自分のためになるのです。

そして1年後、ついに自らのレストランのオープンへとこぎ着けます。

「最初の半年くらいは、ほとんどお客さんが来ませんでした。なにせ村の人は300人ですから、一周しちゃえば終わり。ガストロノミーでやっていこうと決めていて、値段設定も高めだし、車が通るような場所でもなかったので」

それでも我慢をして、きちんとした料理をつくり続けていたところ、徐々に口コミで評判は広がっていきました。一度食べた人がリピーターになったり、隣町からもお客さんが来てくれたり、最終的には30席が連日満席になる人気のレストランになったのです。

ここで2年シェフをしたあと、地中海沿いの美しい町、マントンのレストランに移ります。せっかくフランスに来たのだから、他の場所を見てみたい、東京の延長線上にある自分の料理に物足りなさを感じていたことも理由でした。

オ・キャトルズ・フェブリエ
新居 剛 シェフ

やらなきゃいけないを当たり前にする

マントンのレストラン「ミラズール」で1年ほど修業をし、最終的にスーシェフを務めたのち、再び自分の店を出すべくリヨンへ。

物件を探して、ようやく見つけたのは十数席しかとれない本当に小さなレストラン。新居シェフを含め、スタッフ3人でのスタートでした。面白いのは、その人数の配分です。シェフ、ナンバー2、サービスとするのが普通のところ、自分とサービスのほか、もうひとりにパティシエを選んだのです。

「料理って、トータルで食べるものじゃないですか。やっぱり最後のデザートまでクオリティを落としたくなかったんです。もうひとりキッチンを雇ったほうが、絶対スムーズだし、そっちが楽だとはわかっていましたが、料理人がつくったデザートだったら他の店と変わらない。料理は自分でなんとかなる。『足りないのはそこだな』って思ったんです」

店としてのクオリティを考えて、あえて自分が大変なほうを選ぶ。これが成功につながる戦略でした。しかも店に対するこだわりは、これだけではありません。

「グラスだったり、お皿だったり、インテリアだったり、お客さんに関わる部分は高級なものを使う。小さい店なので、入った瞬間に特別感がないといけないと思ったんです。もしカジュアルな感じだったら、料理とのつながりもよくないので。その代わりキッチンは本当にもうそのまま。オーブンも冷蔵庫も、開ければ扉が落ちるようなもので（笑）」

どこに予算をかけるべきかを考えて、工夫をする。少人数で運営しているので、内装のデザインを起こしてもらったら、大工さんと話をするのも自分。オープンはすでに決めていたし、頼れる人もいなかったので、「やらなきゃいけないっていう、その意志だけ」で一つひとつ課題をクリアしていきました。

普通なら怖いと思ってしまうところで、自分を追い込める能力がとても高いのでしょう。そして、「わからないこともたくさんあったんじゃないんですか？」という私の質問への回答に、また驚かされてしまいました。

「そもそもフランスだと、普通に生活することだって難しいじゃないですか。だから、そのへんの感覚が麻痺してくるというか、逆に言うとわからないことばっかりなので、やらなきゃいけないのが当たり前になってくるんですよね。ビザの更新ひとつにしても、自分で役所に行かないと生活できないので」

これは私がふだん暮らしているハワイでも強く感じることです。たとえば、日本なら免許の更新の時期になると、「そろそろ免許の更新ですよ」というハガキが送られてきます。でも、海外ではよっぽど「金を払え」という以外のものは何も来ません。忘れていたら警察に捕まってしまうこともありえる、ようするにすべては自己責任というわけです。

「日本にいるのと同じように生活するなんて絶対無理で、こっちの文化に合わせないとしょうがない。私たちは外国人ですから、フランスという国が合わないと思ったら、続かないいんです。こっちにいて、フランスのことをあまりよく言わない人は、やっぱり考え方が変えられなかったのかなって思います」

ハワイにも、「なんで日本にはあるのに、この国はないのか」と文句を言って、帰ってしまう人は多くいます。そもそも何でも誰かにやってもらおうという感覚の人は、海外に向いていません。逆に、自分で考えて行動できる人にとっては、チャンスも多いはず。やってくれなくて当然と思えるかどうか、それも海外でうまくいくコツだと感じます。

フランス人に〝合わせない〟ことで、リヨンで一番の店に

もちろん、何でもフランスに合わせていたかというと、そうではありません。とくに一番合わせてしまいがちな料理については、フランス人の好みは考えなかったというのが面白いところです。

「味覚に関しては、日本人とフランス人で多少違うとは思います。ただ、フランス人に合わせようと思って料理をつくってはいないですね。本当に、自分の『おいしい』という感覚だけが頼り」

2000年くらいから、フランスでは、低脂肪でヘルシーな食事が求められるように

なってきたといわれています。つまり、食の嗜好が変わってきたのです。野菜などの食材を使い、ソースのないシンプルなフレンチをつくる「アストランス」が、2007年に三つ星を取ったことも、それを象徴する出来事でしょう。

もしかすると、昔のようにフランス人の味覚に合わせる必要はなくなってきたのかもしれません。もちろんこうした流れを見る力も必要だし、もっと大切なのは、いかに自分の料理をつくれるかということ。そして、いいものを出せば、必ずお客さんが満足してくれることを見抜いていたのです。

「フランス人の料理に対しての感受性はすごく強いと思います。香りだったり、食感だったり、一つひとつにすごく興味を持って、『これはどこがおいしいんだろう?』と、考えて食べる人が多い。食材にしても『これは何?』と聞かれることも多いですし」

2009年7月にオープンしたオ・キャトルズ・フェブリエは、値段が高めだったこともあり、最初の半年はお客さんがあまり入りませんでした。

広く知られるきっかけになったのは、元ミシュランの編集長がやってきて、雑誌にいいコメントを書いてくれたこと。それからだんだんと人が入るようになり、オープンから1年半で、ミシュランの一つ星を獲得します。

「共同経営者とも、初めから『半年頑張ろう』と話していて、覚悟は決めていました。デザートも内装も、これだけやってダメなら仕方ないなというくらいの気持ちでいましたね」

「美食の都」といわれるリヨンですから、ミシュランで星を取っているレストランがたくさんあると思っている方も多いでしょう。でも実は、三つ星はフレンチの最高峰、ポール・ボキューズ1軒だけで、一つ星まで合わせてもわずか10軒程度。オ・キャトルズ・フェブリエが、その中に入っているのももちろんすごいですが、驚いたのは「トリップアドバイザー」で、リヨンのレストラン全1329軒のうちで1位に選ばれていること（2013年5月現在）。これは、料理はもちろんサービスも評価されている証拠です。

トリップアドバイザーは、観光地・都市・ホテル・レストランなどの口コミ情報が見られる、世界最大のトラベル情報サイト。海外によく行く人なら知らない人はいないくらい有名なサイトで、日本でいえば、食べログに旅の情報がプラスされたものと考えればわかりやすいかもしれません。そこにあるオ・キャトルズ・フェブリエの書き込みを見てみると、「best meal of my life（人生で最高の食事だった）」とまで絶賛している人がいるほどなのです。

デメリットをメリットだと考えられるか

「席数が少なくて、かつ日本人がやっているというのが、逆に売りになっているんじゃないかと思うんです。ミシュランで評価してもらった今は、それがメリットになってきてるのかな、と。もちろん来てくれたお客さんは、出てきた料理に対してちゃんと評価をしてくれるし、自分もそこは自信があるので、料理という部分ではデメリットを感じたことはありません」

店は小さく、日本人だけ、しかも実質的には自分ひとりでつくっている。本来なら、デメリットになるであろうことすら売りだと言える。すべては物事のとらえ方ですが、こういう考え方ができるのが、成功する秘訣ではないかと思います。

「スタッフが足りないからうまくいかない」と考えるのは簡単です。たとえばこれは仕事で、「予算がないから結果が出なかった」というのと同じ。それより、予算がない中で結果を出すにはどんなチャレンジができるか、と考えることが大事だと思います。

日本人スタッフ中心で営業しているにもかかわらず、最近では「サービスがよかった」と言ってもらえることも多いそうです。

「ホスピタリティって、伝わってくるじゃないですか。それは外国人であっても、日本人であっても、変わらないと思うんですね。もちろん、言葉としては少し足りないかもしれないですけど、一つひとつのサービスの動作だったり、きめ細かさについては、他のレストランに負けてないと思うので」

言葉も話せず身振り手振りで最初の店を立ち上げ、リヨンで念願のお店をオープンしたものの、料理をつくるのは自分ひとりだし、半年間はお客さんも入らない。誰がどう考えても、大変な環境でやってきたにもかかわらず、「実は、あんまり苦労を感じたことがない」のだとか。

「文化の違いの難しさはすごく感じますが、それは大変というだけで、苦労とはまた少し違いますね。もちろん言葉は、もっともっとしゃべれるようにならなきゃいけないし、ビジネスを考えるならば、突っ込んだ会話もできなければいけないでしょう。従業員を雇うこともそう。怒って『出てけ！』と言いたくもなるんですが、もしその人が辞めてしまったら、代わりはいないわけです（笑）。しかも、そこで首を切ったら、法律上の問題も起こる。もちろん叱るときは叱るようにはしていますけれど」

言葉は、インタビューをした人たちが一様に、「勉強しておいたほうがいい」と語るポイント。また、マネジメントについても難しい部分はあると言いつつも、どういうふうに工夫をすればいいかを考えて乗り越える。何より苦労を苦労と感じない、この感覚こそ、もっとも重要なことだと思います。

日本人が評価されるようになった理由

「以前は、日本人がフレンチなんてという感覚はあったでしょう。ただ、今は向こうもそれをわかって店に入ってくるし、こっちも『何料理?』って聞かれれば、必ず『フランス料理』って答えます。もちろん、ジャポネ（日本風）というニュアンスはあるんだけれど、『ちゃんとしたフランス料理だし、おいしいよね』って言ってくれるんですよ」

もし日本で、お寿司屋さんの大将が外国人だったら、日本人なら誰もが「あれ?」と思うでしょう。しかし、フレンチの世界では、そうした感覚は徐々になくなっているようです。それも、日本人が活躍できるようになった理由のひとつかもしれません。

「あやふやな感じでつくっていたら、『こんなのフランス料理じゃないよ』と言われるだろうし、たまに意見をされることもあります。でもフランス人は、本当に素直に料理を評価してくれる。日本みたいに、何でも『おいしかったです』じゃないんですね」

多様性は認めるけれど、ダメなものはダメとはっきり言うのが、ヨーロッパやアメリカのいいところ。「おいしかったです」と言って帰って、食べログにとんでもないコメントを書かれるようなことはないのです。

厳しいフィードバックではあるけれど、それがあるからより自分の腕を上げやすいし、「ここは変えたほうがいい」と率直な意見を言ってくれるから改善のしようもある。ある意味、仕事をしやすい環境なのかもしれません。

また外国人が受け入れられる要因として、サンペレグリノの「ザ・ワールド50 ベスト・レストラン」のように、世界的に料理を評価することが当たり前の時代になったこともあげられます。

「今は、世界で活躍してるシェフの情報が、どこにいても入ってくるじゃないですか。だから、受け入れる側自体も変わってきてるのかなと思います。たとえば最近、うちのレストランはリヨンの料理協会に入れてもらったんです。昔は歴史があって、よそ者を入れない風潮もあったんでしょうが。何より日本人は本当に勤勉だし真面目。比べる対象がフランス人だからというのはありますが、海外に来るくらいだから覚悟も決めていて、根性もある。それも評価されている理由でしょうね」

リヨンのような歴史ある土地でも、日本人のクオリティが認められて、日本人の料理人を探しているという話も多いのだとか。評価も上がっているし、チャンスは確実に増えているのです。

「こっちに来て、『じゃあ、やってやろう』って言っても、スキルがなかったら、結局すぐにメッキは剥がれるじゃないですか。日本でもフランスでも、自分の中で大丈夫だっていうものを持っていないと、難しいでしょうね。それが何なのか、常に探していないといけないし、そういうものを持って挑戦したほうがいいのかなと思います」

新居シェフが考える、海外で働くために必要なものは第一に語学。そして、自分に自信が持てるだけの基礎的な技術と、仕事に対する考え方を固めること。この基礎をつくったからこそ、自信を持って仕事ができるのでしょう。

また今回、話を聞いたシェフたちが必ず言うのが、海外で「おまえ、できるか?」と聞かれたら、たとえできなくても「できます」と答えたほうがいいということ。

「それも大切かもしれないですね。『できない』なんてモゴモゴしてたら、絶対見抜かれますから。海外で働く場合は、どんどんチャレンジして、どんどんアピールしていかないとダメ。自分も修業時代は、いつも『大丈夫、大丈夫』なんて言いながらやっていました。ハッタリじゃないですけど、何でもできるという強い意志を持っていないと、心が折れそうになることばっかりですから」

他のレストランとは違うものをつくる

話をしていてとくに印象に残ったのは、「フランス料理だし、フランスの文化だからといって、フランス人と同じことをしていたらダメ」という言葉でした。

これは言い換えれば、吉武広樹シェフの「同じ土俵で戦っても仕方ない」という話にもつながります。また、多くのシェフが、弱い部分を改善するのではなく放棄して、強みを伸ばしていったほうが活躍できる、とも語っています。

「最初に、パティシエを雇ったのもそう。やっぱり他がやってないこと、他にないものを探して挑戦する。そこに勝機があるんじゃないかと思ったんです。それは今も考えていて、たとえばデザートには、リヨンの郊外でショコラティエをやっているフィリップ・ベルさんから仕入れたチョコレートを使っています」

ちなみにフィリップ・ベル氏は、ＭＯＦ（国家最優秀職人賞）を授賞されている人間国宝のような存在。このチョコレートも新居シェフがリヨンの街を歩いているときに見つけて、直接交渉して使わせてもらえるようになったものだそう。

「肉屋にしても魚屋にしても、みんなだいたい同じところから仕入れるじゃないですか。でも、実際に見ないと納得できないので、直接行くんです。そうすると、そこでコミュニケーションが生まれて、こいつは毎週来るからちゃんとしたものを用意しておかないと、ってことになる」

ただ持ってきてもらうのではなく、自分の目で見て「いいな」と思ったものを選ぶ。「断られたらどうしよう」なんて考えず、いい店があればダメもとで交渉してみる。これも、海外で勝負するためには必要な能力だと思います。

「パンも、『こういうのがやりたいんだけど』ってお願いをしに行って、うちのレストランにも食事に来てもらって出せることになったんです。本来はプロ用にはつくっていない店なんですが、『やってあげるよ』って。フランス人って、一度身内の関係になると、すごくよくしてくれるんです。うち専用の小さいパンを焼いてくれたり、向こうから『今度、ハートのパンをつくったんだけど』なんて提案をしてくれたり」

フランスへ来たばかりの頃には、言葉ができず電話では伝わらないからと、仕方なくマーケットまで行って仕入れをしていました。こんなデメリットもいつしかメリットに変えて、大きなアドバンテージを生むようになったというわけです。

最後に、新居シェフに聞いた、海外で働くことのメリットをご紹介しましょう。それは、考える時間がとれること。フランスにはバカンスもあるし、休みもきっちりしている。たとえ自分で店をやっていても、日本にいたときに比べて時間があるのだそうです。たしかに外国では、日本では過酷な環境に置かれているドクターやナースですら、余裕を持って働いているのを目にします。

仕事に追われると、人は思考停止に陥って、何も考えられなくなってしまうもの。この自由な時間を活用して、いかに考えることができるか。それが、さらによい仕事をするための源になるのです。

『ミシュランガイド フランス』で
一つ星を獲得

「なこかい、とぼかい、なこよかひっとべ」

フランス　ラ・カシェット

伊地知 雅 シェフ

Masashi Ijichi / La Cachette

1975年、鹿児島県阿久根市生まれ。鹿児島のホテル、東京・下北沢の「ル・グラン・コントワー」で働き、2000年に渡仏。2年の修業後、女性として56年ぶりにミシュランで三つ星を獲得した、アンヌ=ソフィー・ピック氏がシェフを務める「メゾン・ピック」へ。2005年、ローヌ地方ヴァランスに自身の店をオープン。2009年に一つ星を獲得。

高校時代に偶然聞いた講演が、渡仏のきっかけ

フランス南部、ローヌ地方のヴァランスという小さな町にある、「ラ・カシェット」というレストラン。ここでオーナーを務める伊地知雅シェフが、料理人を志したのは高校時代、それは偶然の出会いから始まりました。北海道洞爺湖サミットで総料理長を務め、日本人として初めてフランスでミシュランの一つ星を獲得した中村勝宏シェフが、たまたま同じ高校の卒業生で、彼の講演会が開かれたのです。

「修業時代や一つ星を取るまでの苦労話を、全校生徒の前で、熱く、涙ながらに語ってくれて。レストランでアルバイトをしていたので料理の世界に興味はあったんですが、そのときに初めて、料理人になってフランスに行ってみたいなあって思ったんです」

出身の鹿児島県のホテルで1年間働いたあと、どうしても東京に出たいと18歳で上京。今は閉店してしまった、下北沢の「ル・グラン・コントワー」という店で5年間、フラン

ス料理の基礎を学びました。

そして２０００年、25歳のときに、たまたま先輩が修業に行っていたレストランが研修生用のビザ（スタージュビザ）を発給してくれるということで、ローヌワインの名産地として知られるエルミタージュという町の小さなレストランで働き始めます。

「来るまでは、ここがワインの名産地だということすら知りませんでした（笑）。元一つ星のシェフがやっているレストランで、濃厚なソースを使ったいわゆるクラシックなスタイル。そこで1年半、前菜から肉まで、すべてのポジションを経験しました」

海外に渡ったとき、どんな場所で働くかは重要です。修業というと、星を取っているパリの有名レストランで働きたいと考える人が多いのですが、彼の場合、たまたま田舎のお店だったことがいいほうへと転んでいます。

調理場が４人、サービスが４人と、それほど大きなレストランではなかったので、短期間でいろいろな経験を積むことができたのです。

そのとき、一番の問題になったのは言葉でした。

「言い訳になるんですが、日本での修業時代は忙しすぎて準備どころじゃなくて、『行けばなんとかなるかな』と思って、全然勉強をしなかったんです。フランス語の本を買ってトランクに詰めただけで、飛行機の中で初めて本を開いたという状態。現地では若い子にすごくバカにされましたが、言い返すことさえできない自分がすごく悔しくて……」

日本で厳しい修業をしてきたベースがあったので、そこにいるフランス人よりもおいしい料理をつくる自信はある。でも、言葉が通じない。作業を頼まれても何をすればいいかわからないので、その場で紙に書いてもらって辞書で調べるという繰り返し。この言葉の壁には、それからもたびたび悩まされることになります。

のちの三つ星レストラン、メゾン・ピックとの出会い

1年半の修業のあと、友人の紹介で別の一つ星レストランへと移り、そこで半年あまり働いていた頃、日本からやってきた奥さんと結婚をします。そして、たまたま2人で食事

に行ったレストランの料理に感銘を受けました。そのレストランとは、同じローヌ地方のヴァランスにある「メゾン・ピック」。女性として56年ぶりにミシュランで三つ星を獲得した、アンヌ＝ソフィー・ピック氏がシェフを務める有名店でした。

「すごくおいしかったので、『すぐに働かせてくれ』と直談判したんです。『2週間待って』と言われたんですが、次の日にはもう『働いてもいいよ』ということになって。前に働いていたエルミタージュの店や、一つ星の店に連絡して、身元を確認していたんでしょうね」

海外では、誰か人を雇うとき、以前働いていた店にレファレンス（照会）をします。つまり、ちゃんと仕事をしていないと「あいつはダメだ」ということになって、次にはつながらないというわけです。

当時メゾン・ピックは二つ星、ここまで10年ほどの経験があり、もちろん実力もあったはずなのに、コミ（見習い）からのスタートでした。

このポジションでなければやらないとか、このくらい給料をもらえなければやらないと言っていると、チャンスはつかめません。たとえ今までの肩書きがなくなってしまったとしても、チャレンジすることができるかどうか。海外では、ゼロからでもいいから働かせてくれという強い思いが大切です。

自分に自信があって、結果を出せば必ず評価される。そのとおり、働き始めてわずか3ヵ月ほどで、コミから部門シェフへと上がったのです。

「上げてもらったのはよかったんですが、いきなり『8人のスタッフを使え』と言われて、また語学力のなさで叩きのめされて。日本人がいきなり部門シェフになったというねたみから、いじめも受けました。最初の3ヵ月は本当につらかったですね。とにかく働いて信頼を得るしかないと思って、夜遅くまで残ったり、人の倍は働きました」

三つ星を目指しているレストランですから、スタッフもフランス人だけではなく、イタリア人、スペイン人、日本人など多国籍。とにかくモチベーションもレベルも高い人たちが集まっていました。

その後、三つ星を獲得して世界的にも注目される有名レストランで部門シェフを務めていたこともあって、次第にヴァランスの町に人脈ができていきました。まわりの人たちからも「マサ、店をやれよ」と言われたこと、またローヌのワインにも愛着があったので、ここに店を出すことを決意します。

「犬を食わされるんじゃないか?」という反応

2005年、伊地知シェフはヴァランスに、自らの店「ラ・カシェット」をオープンさせます。このとき刺激になったのは、本書にも登場する松嶋啓介シェフの存在。松嶋シェフは、ひと足早い2002年、ニースに店をオープンさせていました。

「ピックを辞めたあと、啓介のところでアルバイトをしていたときに、熱いものをもらったというか、自分も店をやってみたい、挑戦してみたいという気持ちになったんです。何より、お客さんとの接し方とか、店の雰囲気がすばらしかったので。日本の景気が悪いという事情もありましたが、せっかくならフランスでやってみたいと思いました」

松嶋シェフが日本人最年少でミシュランの星を取ったのは、2006年のこと。当時はもちろん、日本人がフランスで店を開いても、今のようにお客さんが入るという状況ではありませんでした。とくにヴァランスは田舎町ですから、現地の人からすれば、日本人がフランス料理のレストランを開くなんて想像すらつきません。

「料理をつくるのも洗い物をするのも、全部自分ひとり。仕込みが終わったら、マルシェやアパート一軒一軒にビラ配りに行ったり。最初は『なんで、日本人がフランス料理をやるんだ?』という感じで、『犬を食わされるんじゃないか?』なんて声もあったくらい（笑）」

観光地として成熟しているパリでは、日本人がやっているレストランに行けば、地元の人以外に必ず、外国人観光客を見かけます。でもここヴァランスは、よっぽどローヌワインが好きという人でもない限り、あまり訪れることがない場所。しかも、ラ・カシェットは立地もけっしていいわけではありません。

「ガストロノミーの世界を知っている人も少ないので、その知識をお客さんに理解してもらうまでが大変。だから、とにかくおいしい料理を熱々の状態で出すことだけを考えていました。お客さんは今でもだいたい80％が地元で、15％が近郊、海外からは5％くらいという感じですね」

ほとんどのお客さんが地元の人という中で、勝負をしているのがすごいところです。オープンから2〜3ヵ月はかなり苦労しましたが、半年後、地元の新聞に取り上げられたこともあって、やっと席が埋まるようになったそう。

この話を聞いただけでも、いかにハードルの高いチャレンジかがわかるでしょう。今は安定してお客さんが入るようになり、改装して店もきれいになりました。

これからは、言葉ができるかどうかが差別化になる

「言葉はすべて現場で覚えました。知らない言葉を言われたり、わからない言葉があったら手に書いたりして、休憩中にすぐ調べる。仕事が終わってからも毎日、辞書と教材を見ながら復習するようにしていました」

取材中、繰り返し話してくれたのは、語学についての苦労でした。

本書に登場するシェフたちを見ても、事前にしっかり準備をしてから海外に渡った人は2～3割くらい。「料理に使う言葉はそれほど多くないので、なんとかなった」と語る人が多いのですが、言わないだけでみんな、きっとたくさん苦労をしていると思います。その証拠に、言葉を学ばなくていいと言っていた人は、ひとりもいませんでした。

言葉を学ぶ意味は、仕事が問題なくこなせるとか、料理のスキルを身につけるためだけにあるのではありません。カンテサンスの岸田周三シェフ、松嶋啓介シェフなども言っているように、シェフの考えや料理についての「哲学を学ぶ、一歩先の深みを知る」という部分のほうが重要なのです。

「買い物に行くときにも必ず辞書を持って、看板に書いてある単語を調べたり、そんなことから始めていましたね。なんで辞書に載っていないんだろうと思ってフランス人に聞いてみたら、『あれ、人の名前だよ』って言われたこともあったくらい（笑）」

これから海外に渡る人はとくに、最低限の言葉はマスターしてから行くことをおすすめします。日本人の料理の腕はかなり高いというのは浸透してきていますから、言葉ができるかどうかが差別化になるのです。

飲食業界が忙しいのは、最初からわかっていることで、日本にいても海外に行っても変わりません。忙しいから準備ができないと言っていると、海外に行っても、やっぱりやらないということにもなりかねません。そして、誰よりも料理はできるのに、言葉をしゃべれるだけの人に使われてしまう……。

言葉ができれば、もしかすると5年かかることが2年で終わるかもしれません。ムダなことをやらなくてよくなるし、時間の短縮にもつながると思うのです。

日本人のところに行けばおいしいものが食べられる

どうすれば日本人が海外で活躍できるのか？　言葉以外に、これから海外に来る人にアドバイスをするならば、それは「信頼」だと言います。

「私の場合は、とくに地方の町に店をオープンしたこともあって、いかに地元の人に信頼をしてもらうかが大事でした。たとえば、友だちに料理をつくってと言われたときにも、おいしいものをつくるように努力をする。いろんなチャンスが訪れたときに、それを一個一個、丁寧にものにしていくことですね」

取材をしていて感じるのは、日本人で活躍している人はみな、とにかく腰が低いということ。中でも伊地知シェフは、ものすごく丁寧だし物腰もやわらか。海外に出たら、バンバン自己主張をして勝負していくのはもちろん大切ですが、それは強引に自分の意見を通したり、尊大になれという意味ではありません。

「信頼してもらうには、まずは謙虚でいることですね。頭でっかちにならないこと、そして『俺が、俺が』となりすぎないこと。ここぞというときには、言うことは言うべきだと思いますが、私の場合はなるべく控えめにしていますね」

最初はフランスの人たちも、「犬を食わされるんじゃないか?」という反応だったのが、ここ7~8年で、状況は一変しました。日本版の『ミシュランガイド』が出版されたこともあるでしょうし、日本人の強みが理解されたこと、そして何より、海外で活躍する多くの日本人シェフの努力によるものが大きいのでしょう。

「味付けのバランスや香りの出し方のセンス、日本人はそういう繊細さをすごく持っていますよね。フランス人の間にも、長年かけて、こうした日本人の料理が浸透してきました。今は日本人のところに行けばおいしいものが食べられるという、目に見えない信頼感が根づいていています」

「なこかい、とぼかい、なこよかひっとべ」

取材の終わりに、海外を目指す人へのメッセージをたずねると、面白い言葉を教えてくれました。それは、彼の出身でもある鹿児島のことわざで、「なこかい、とぼかい、なこよかひっとべ」というもの。

「これは『泣こうか、飛ぼうか、泣くくらいなら飛んでしまえ』という意味。怖がって泣いているなら、とりあえず飛び込んでみよう。私がすごく泣き虫だったから、小さいときから親によく言われていたこの言葉を、いつも頭の中に置いています」

もちろん言葉を勉強することもそうだし、準備はしておくべきでしょう。でも、夢に届くまで飛べるのか飛べないのか、そんなことをうだうだ考えて迷っているくらいなら、思いきって飛び込んでみればいい。心に響く、すてきな言葉です。

現在では、多くの日本人シェフたちが海外で活躍をしています。多くの人が活躍できているということは、まだチャレンジを迷っている他の人たちにもチャンスがあるということ。あいつがやってるんだから自分もやってみよう、そう思えることには、大きな意味があります。彼が、友人でもあった松嶋シェフから刺激を受けて店をオープンしたように、この言葉が、あとに続く若者の背中を押してくれればうれしく思います。

冒頭に掲載した写真を見てもらえればわかるように、伊地知シェフは、とても温和でやさしい表情をしています。実際に会って話を聞きましたが、とにかく謙虚だし、料理もとてもすばらしい。

海外で、しかも都会ではなく田舎で有名になるには、料理の技術だけではなく、人間性や考え方など、光る「何か」がなければいけない。あらためて、そう感じました。

ロブション氏の懐刀、
フジテレビ「アイアンシェフ」出演

「発想を転換すれば、大変が大変でなくなる」

フランス　ジョエル・ロブション

須賀洋介　シェフ

Yosuke Suga / Groupe Joël Robuchon Corporate Executive Chef

1976年、愛知県生まれ。高校卒業後、料理人を志し仏リヨンの大学に語学留学へ。ホテル西洋銀座などをへて再渡仏し、ロブション氏と出会う。2003年、「ラトリエ ドゥ ジョエル・ロブション 六本木ヒルズ店」を立ち上げ、26歳でエグゼクティブシェフとなる。現在は拠点を東京に移し、パートナーとしてロブションに関わる。

わずか25歳で任された六本木店の立ち上げ

「フレンチの神様」とも呼ばれ世界中にレストランを展開しているジョエル・ロブション氏は、おそらく本書を読んでいる方ならご存じでしょう。そのロブション氏の懐刀ともいうべき存在が、須賀洋介シェフ。30代の若さにして、ロブショングループ全体の料理を統括指導し、世界中の店舗の立ち上げにも奔走しています。2012年から2013年にかけて、フジテレビで放送されていた「料理の鉄人」の続編番組「アイアンシェフ」にフレンチの鉄人として出演していたことを覚えている方もいるかもしれません。

彼の実家は、名古屋でも有名なフレンチレストラン。高校時代には自分の進路について、次のように考えていました。

「エスカレーター式に進んでいくという感覚に違和感があって、漠然と人のやっていないことをやりたいという思いがありました。もうこのまま海外に出てしまったほうが、同世代の子たちのできないことができるんじゃないかというビジョンは持っていましたね」

実家のつてでフランス人の知り合いもいたし、従姉がフランス人の料理人と結婚していたこともあり、高校卒業後、リヨンの大学に語学留学することを決めました。

留学を終えて日本に戻ると、ホテル西洋銀座のフレンチの厨房やパティシエ、都内のフレンチレストランで修業をしますが、腰を痛めてしまい名古屋に戻ることに。そして１９９８年に再度訪れたフランスで、ジョエル・ロブション氏と知り合い、パリにある彼のラボで修業をすることになったのです。

転機が訪れたのは２００２年、25歳のとき。六本木ヒルズに、現在二つ星のレストラン、「ラトリエ ドゥ ジョエル・ロブション」がオープンすることになり、その立ち上げを任されたのです。この店の特徴は、オープンキッチンでシェフが目の前で料理を提供してくれること。これは、ロブション氏が日本の寿司屋のカウンターからインスピレーションを受けたものだそう。席数は60とかなり大きな店で、これを25歳の若者が立ち上げたというのは、すごいことだと思います。

「日本ってやっぱり年功序列じゃないですか。スタッフの中には年上の人たちもいて、彼らにとっては、年下の人間に使われるわけです。みんな、そんなことは関係ない、ロブションで仕事がしたいと言って入ってくるんですけど、いろんな葛藤も芽生えるし。その人たちを抑えるためには、『これ、やってもらえますか』じゃなくて、もう力で抑えるしかなくて……」

裏では本当に、取っ組み合いのケンカをする毎日。もちろんそれまで、人をマネジメントした経験がない若者に一任してしまうロブション氏も腹が据わっています。

これは、インタビューをした人ほぼ全員が全員語ってくれたことですが、とにかく「やります」と言える度胸。何かチャンスがめぐってきたときに、「僕、まだ25だから無理です」と言う人はそれをつかめません。たとえ無理だと感じても、「やります、大丈夫です」と言えてしまう度胸が絶対に必要なのです。

「僕は実家がレストランということもあって、非常にオールドスクールな考え方。ホテルやロブション氏のラボで働いているときも、朝早く来て夜中まで仕事をするというのが当たり前でした。レシピにしても、与えられるんじゃなくて盗む、自分が何かやりたいことがあれば、早く仕事場に来るとか、早く仕事を終わらせてやるっていう感覚で育ってきたんです」

厳しい環境が染み込んでいたものの、ラトリエ ドゥ ジョエル・ロブションの立ち上げはとにかく大変でした。たとえば、メニューが決まったのはオープン前日、それを当日の朝5時くらいに日本語に落とし込んで、オーダーの取り方などオペレーションに関してのシミュレーションは何もなし。朝7時には人が並び始め、六本木ヒルズのオープンとともに店はスタートしたのです。

こうしたことがストレスになって、耐えきれずに辞めてしまう人ももちろん多いでしょう。しかし彼には、混沌の中を乗りきれる、ある意味いい加減さがありました。実際、今の変化が激しい時代においては、すべてが決まっていて、きちんとシミュレーションもできて、準備万端でスタートできるなんてありえないこと。

そういう状況でストレスを感じて文句ばかり言うのか、やり遂げられるのかというのは、海外・日本を問わず、仕事をするうえで重要なポイントになっていると思います。

発想を転換すれば、大変が大変でなくなる

六本木で3年過ごしたあと、「また海外に出たくなってしまった」ということで、ロブ

ション氏の提案を受けて、ニューヨークの店の立ち上げに関わります。六本木に比べると、ずいぶん楽だったそうですが、別の問題がありました。それは、アメリカはユニオン（組合）がとても厳しいこと。日本のように毎日ケンカをしていたら、すぐに訴えられてしまうと、まわりからもかなり心配されたそうです。

スタッフをトレーニングする際も、かなり我慢はしたそうですが、もちろん怒ってしまうことも多々ありました。しかも当時、フランス語は話せたものの、英語はあまり得意ではなかったのです。

「高揚してくると、文法的にメチャクチャな英語で怒るじゃないですか。でもアメリカでは、なんとなく意図が伝われば、彼らはちゃんとシュンとするんですね。そういう意味でも、自分としては日本でやるよりも、海外のほうが仕事がしやすいですね」

違う場所に行ったときに、現地の慣習や状況を把握して異なるマネジメントができる。この柔軟な発想がすばらしい。中には、俺のやり方はこうだと、曲げられない人も多くいるでしょう。もちろん日本国内でも、人によって考え方はさまざま。「最近の若者は草食系でダメだ」なんて決めつけていては、どこに行ってもうまくやっていくのは難しいと思います。
「英語はできないからマネジメントできません」と考えるか、英語はめちゃくちゃなのに「アメリカ人は使いやすいです」と思えるか。なんとかうまくまとめてしまうコツは、ちょっとした発想の転換にあるのかもしれません。

「パリもニューヨークも、台湾もそうなんですけど、つたない語学力でも、スキルと人間性次第ではっきりリスペクトして仕事をしてくれるというのは、日本人にはない感覚。もし日本人が、外国人の上司から『コレ、ヤラナキャダメヨ！』みたいな日本語で怒られたら、ちゃんとしゃべれよって感じると思うんですよ。海外は人種も多様なので、言葉の問題にも寛容なのかもしれません。とにかく欧米は、スキルに対するリスペクトがわかりやすいのは事実ですね」

なくてはならない存在になるから面白いことができる

「現状いるところになかなか満足できないというか、自分の環境を変えるために海外に行っている感覚が強いですね。理由はわからないけれど、同じところにいると飽きてしまうんです（笑）」

私も1年の半分はハワイ、もう半分を日本と海外の国という生活を続けていますから、環境を変えたい、常にチャレンジしていたいという気持ちはすごくよくわかります。

現在、ジョエル・ロブションは、毎年世界の数ヵ国に店舗をオープンするほど拡大を続けていて、スタッフはパリを拠点に世界中を回っています。ロブション氏自身はシェフというより、そうした店のプロデュース全般が仕事。でも須賀シェフは、彼に同行して立ち上げに関わりながらも、パリに自身がシェフを務めている「ラトリエ ドゥ ジョエル・ロブション エトワール」があるというから驚きです。

「店舗を立ち上げるときに必要な作業は誰よりもわかっているし、スタッフをどうやってリクルートするのかもわかっています。フランス語はもちろん、ニューヨークにいたので英語もできる。ロブション氏にとって僕は非常に使いやすい〝パイ〟だと思いますね」

自分のことを「パイ」と謙遜しつつ、「今はいないと困るでしょうね」とも話すほど、ロブションにとって、もはやなくてはならない存在。海外でチャレンジをするのなら、ここまでの存在になるという意気込みがなければ活躍できないし、なかなか面白いことはできるようにならないでしょう。

「ロブション氏を見ていると、やっぱりすごいなと思います。相手が中国人でも日本人でもアメリカ人でも、どこの国でも最終的にイニシアチブを握ってしまう。とにかくマネジメントが上手なんですよね。一緒にいると、いろんなことが勉強できて楽しいですよ」

ここまで上の立場になっていても、まだ勉強ができて楽しいと思える気持ち、ありがたいと思えるという気持ちが、彼を成長させている源なのです。

トップチームにいながら、まだまだ上を目指す

ジョエル・ロブションで働いているスタッフは、「ロブション氏に認められるためだけに仕事をしているという人が多い」という話を聞きました。料理の神様ともいえる存在ですから、彼に認められたということは、野球でいえばニューヨーク・ヤンキース、サッカーでいえばレアル・マドリードでスターティングメンバーを張っているようなもの。料理人からすれば、そうなりたいと思うのは当たり前のことでしょう。

ロブションで面白いのは、須賀シェフを含め必ずトップ5人で、世界を回っているということ。トップにロブション氏、右腕には須賀シェフの兄貴分でありロブション氏の「影武者」でもあるエリック氏、ほかパティシエとサービスのトップがひとりずつ。この5人で、チーム・ロブションというわけです。須賀シェフ以外のメンバーはみな50代、20年30年働いているベテランが、まだ一軍にいるというのも珍しいケースでしょう。

一軍中の一軍というポジションにいるのに、このままでいいのかと考えられるのがまた、須賀シェフのすごいところ。

あるとき彼は、「半年日本で自由に働いて、残りの半年は一緒に海外を回りたい」とい

う提案をしたそう。実家のレストランも心配だし、そろそろ自分で何かを始めたい気持ちがあったというのが理由です。するとロブション氏は「おう、そうしよう。自由にやってみたらいいじゃないか」ということで、話は給料など条件面にまで及びました。

それが、2ヵ月ほど経つと、「やっぱり日本にいると何をやっているかわからない。パリをベースにしてくれないと……」とだんだん、話が変わってくる。

なかなか放してくれないロブション氏もうまいですが、こんな提案ができる立場だということに驚きます。これが一軍半のメンバーなら、もういらないから辞めていいよとなってしまうはず。きっと、何がなんでも、彼を辞めさせたくないのです。

「ロブションのトップにいる人たちは、もう冒険ができないわけじゃないですか。グループも大きいし安泰で恵まれているとは思いますが、僕としてはもう少し自由に、好きなときに好きなところに行けて、その場所に住んでいるように働いてみたいという気持ちも強いので」

普通なら、ずっといたいし、辞める気すらも起こらない、それほどすごいポジションにいるのに、まだ冒険したいというチャレンジ精神と、さらに上を狙いたいというモチベーションを持っている。だからこそロブション氏から買われているのでしょう。

自分のブランドバリューを上げる

「ロブション氏といろんな国に行って、1週間でまた次のところに、というのは実際楽しいんです。でもそれがルーティンになってしまうじゃないですか。だから自分のモチベーションがなくなる前に、何か新しいことを始めたいという気持ちはありますね」

飽きそうになったら、東京、ニューヨーク、台湾と、数年おきに次の場所、次の場所へと動かして、須賀シェフのモチベーションを保っていくロブション氏。こうして10年も引き止めているのですから、やはり人の使い方が上手なのでしょう。

本書でインタビューしたシェフを見ても、10年以上同じ修業先で働いているという人はいません。長い人でも、小林圭シェフがアラン・デュカスで7年、徳吉洋二シェフがオステリア・フランチェスカーナで8年といったところ。みな、自分の店を出したいからと、数年で修業先から離れていくケースがほとんど。
そうしたシェフたちの例に漏れず、自分の店をつくって一国一城の主になりたいのかと思いきや、どうもそうではありませんでした。

「料理人ではなくて、完全に経営者思考ですね。視点としては間違いなく経営者というか、常に商売人として考えています。パリのどこかのお店で食事をしていても、こんなの日本でやったら流行るだろうなという感覚のほうが強いですね」

おそらく、プロデューサー肌のロブション氏との出会いも影響しているのでしょう。料理人の家庭で育ったけれど、将来的にずっと一店舗でやっていきたいわけではない。料理ができるというのは、ひとつのスキルであって、それに何かをプラスすることで、さらに自分の仕事がいいものになるという発想を持っているのです。

「一度は須賀洋介の名前で店をやって、ブランドをつくる。でも店に毎日立ちたくないので誰かに任せて、海外で別の事業をやることに興味があります。やっぱり、ロブションの須賀洋介ではなく、個人として結果を残さないといけないかなとも思いますね」

この話を聞いて、自分のブランドバリューを上げるということを、すごくよく考えているんだなと感じました。今は料理人をしているけれど、これしか道がないとは思っていないし、自分が向いている仕事もわかっている。そして、無理をしてやり続ければ、おかしくなってしまうということも。ある意味、料理人という実績にレバレッジをかける。その考えが、私はとても面白いと思ったのです。

「コルディアン・バージュ」の
ミシュラン二つ星獲得に貢献

「海外で得たものは、技術ではなく人間としての成長」

フランス　プティ・ヴェルド

石塚秀哉　ソムリエ

Hideya Ishizuka / LE PETIT VERDOT

1967年、北海道生まれ。20歳で日本のベストソムリエ20人に選ばれ、1995年にボルドー醸造大学へ留学。その後、いくつかの店をへて、ボルドーのオーベルジュ「コルディアン・バージュ」でシェフソムリエを務め、ミシュラン二つ星獲得に貢献。2005年に独立し、現在はビストロ「プティ・ヴェルド」ほか、パリで数店舗を手がける。

つらいのは楽しい、安全な道は退屈

20歳のときに、たまたま出たソムリエコンクールで、自分の才能に気づいたというのが、パリのビストロ「プティ・ヴェルド」のオーナーでもある、石塚秀哉ソムリエ。日本人シェフとして初めてミシュランの一つ星を取った「レストランひらまつ」で、かつてシェフソムリエを務めていたことでも知られています。

大阪の調理師専門学校を出た石塚ソムリエは、卒業すると故郷の北海道に戻り、レストランで料理人として働き始めます。そのときかわいがってくれていた酒屋さんから、「おまえ、出てみろ」と言われて出場したのが、第5回フランスワインコンクール。すると北海道の代表になり本選に出場、さすがに本選では最下位でしたが、ワインを試飲するのが楽しかったこともあって、フランスへ行くことを決意したのです。

一度、料理の世界を離れ、工場で働いてお金を貯め、フランスへと渡ったのは1991年、23歳のときでした。働き始めたブルターニュの二つ星レストランでは、言葉もできないのに、働き始めてわずか4ヵ月でお客さんへのサービスをすることに。その日たまたま、もうひとりのフランス人が休みで、40人満席の店内にソムリエは自分たったひとりしかいなかったのです。

「辞書を調べて、『すみません、僕はまだフランスに来たばかりで言葉もできないんですが、どうしたらいいんでしょう？』って、一生懸命暗記した文面を読むと、オーナーマダムの答えは『問題ない』。『あなたの失敗なんて私が一言ごめんねって言えば、お客さんは許してくれるの。だから大丈夫よ』と」

なんと肝っ玉のすわったマダムなのでしょう。こんなことが実際にありえるのが、海外のおそろしいところです（笑）。そうして必死に働いているときに、ボルドーのワイン界の重鎮、ジャン・ミシェル・カーズ氏と出会い、「シャトー コルディアン・バージュ」の存在を知ります。

ボルドーにホテルとレストランを併設したコルディアン・バージュは、現在でこそミシュランで二つ星を取っていますが、当時はまだできたばかり。ちょうど〝ソムリエのいない星なしレストラン〟を探していたこともあって、完璧な条件が揃っていました。

フランス語もたいして話せないのに、矢面に立たなければいけない立場を選択する。評価されていないことをラッキーだと考えて、自分が行ってお店を成長させればいいと考える。この逆張りの発想をできるすばらしさ。怖いと思うかもしれませんが、リスクを取るからこそ、大きなリターンが得られるのです。

「つらいのは楽しいかもしれないです。安全な道は退屈で嫌になってしまう。よくみんなから、フランスで苦労したでしょうって言われるんですが、日本の会社にいたら楽かといえば、そんなことはないと思うんです。言葉の苦労はあるけれど、海外はそれ以外の喜びも大きいし。みんなが考えているほど、僕は苦労とは思っていませんね」

海外で得たものは、技術ではなく人間としての成長

当時、コルディアン・バージュは料理人が少なかったので、ソムリエを務めるかたわら調理場にも入って、シェフと2人で40~50人のお客さんをさばくこともありました。幸い『ゴー・ミヨ』などメディアからの評判もよく、働き始めて7年目の1999年には、ついにミシュランの二つ星を獲得したのです。

店にも貢献したし、「そろそろ新しいことに挑戦しないと将来はない」と感じて、2001年、パリに開店したレストランひらまつのシェフソムリエに。そして、2005年には自らの店、プティ・ヴェルドをオープンしました。

話を聞いて興味深かったのは、海外で働くことで得たものは、技術ではなく人間としての成長だということ。日本人の技術はトップレベルだし、すばらしいレストランもたくさんある。技術だけだったら、ある意味、日本で十分だというのです。

「むしろ変にフランスの食材を覚えて帰ったって、日本の食材とは火の通し方ひとつにしても全然違うから、あれ？っとなってしまうでしょう。それよりも、海外で身につけることができたのは、人間としての成長。料理というのは、やっぱりつくった人の人間性がにじみ出てくるものです。だからこそ自分の人生のある時期に、海外で勉強をするのも損にはならないと思いますね」

私も学生時代、アメリカに留学をしていたことがあって、よく人から「何か役に立ったことは？」と聞かれることがあります。でも正直、あのときした勉強が役立ったと感じたことはあまりありません。それよりも、人とのグローバルな付き合い方やコミュニケーション、常識にとらわれない考え方、論理的思考やサバイバル能力などなど、お金に換えられない部分がプラスになっていると感じます。この話をすると、石塚ソムリエも本当にそうだと同意してくれました。

「目先の利益とかお金ばっかり追求していたら、それだけの人間になっちゃうと思いますよ。もっと、心を広く持ちましょう。海外での経験は、40、50になったときに、少なからず財産になるはずです。最近つくづくそう思います」

インタビューから感じたイメージを一言で表すなら、豪快。ふだんから緊張はあまりしないほうかと思ったのですが、本当はひとりでボーッとする時間が好きで、あまり社交的な場は得意ではないのだとか。

フランスに渡ったばかりの頃は、食事会やクリスマスに呼ばれても、言葉がしゃべれないからただ飲むだけ。電子辞書もない時代ですから、辞書をテーブルの上に置いて、めくりながら会話をしていたそうです。

「最初はとにかくそういう場が怖くて、ほとんど戦争に行くような感じでした。

どうしよう耐えられるかな、どんな人がいて、どこに座るんだろう。隣がすごい人だったら怖いな。会話は何をしよう。政治か社会情勢か、もしかして日本文化のことを聞かれたら……どうしよう知らないぞなんて、いつも不安に思っていました。そういった面では、本当に勉強になりました。ボキャブラリーの勉強、そして人間としての勉強ですね」

無理やり参加することで、徐々にフランス人との付き合い方もわかっていったそう。海外に行くと、言葉ができないといって、現地の人とのコミュニケーションを避けてしまう人がいますが、何でも勉強だと思って、とりあえず飛び込んでしまったほうがいい。その第一歩をクリアできるかどうかで、あとの展開はきっと大きく変わるでしょう。

ミシュラン二つ星レストランで
ソムリエを務める

「自主的に動かない人間に棚ボタはない」

フランス　シャングリ・ラ ホテル パリ ラベイユ

佐藤克則　ソムリエ

Katsunori Sato / Shangri-La hotel PARIS L'Abeille

1970年、東京都生まれ。大学卒業後、パレスホテルに入社。1999年に休職し、ボルドー大学醸造学部に入学。2005年にパレスホテルを退社し、再渡仏。ヴィエンヌの「ラ ピラミッド」をへて、「リッツ・パリ」のプルミエソムリエに。現在、パリのシャングリ・ラ ホテルにある二つ星レストラン「ラベイユ」でソムリエを務める。

言葉の問題さえなければ、日本人のサービスはどこでも通用する

「日本人のサービスって、やっぱり世界でトップクラスなんですよね。きめの細かさ、繊細さ、先を読む力とか。ソムリエもそうだし料理人もそうですが、日本の一流ホテルで働いている人間は誰でも、言葉の問題さえなければ、どこに行っても間違いなく通用しますね」

「僕は世界すべてを知ってるわけではないですけれども……」と前置きしながら、こう話してくれたのは、パリのシャングリ・ラ ホテルにある二つ星レストラン「ラベイユ」の佐藤克則ソムリエ。日本のホテルで10年間働いていましたが、そのときに学んでいたスキルが、ヨーロッパでもそのまま使えたというのです。

高校時代からホテルマンになりたかった彼は、大学生になると、さまざまなホテルの配膳のアルバイトを始めます。そのとき、あるホテルで出会ったシニアソムリエの方から「娘さんのバースデーヴィンテージワインを一緒に飲むのが夢」という話を聞き、ソムリエという仕事に憧れを持ったのです。

シャングリ・ラ ホテル パリ ラベイユ
佐藤克則 ソムリエ

1995年に大学を卒業すると、パレスホテルに入社。大卒といえば幹部候補生になるのが普通ですが、社長にも「ソムリエ希望です」と言って珍しがられたそうです。その後、掃除から、客室、コーヒーショップに宴会まで、さまざまな部署を回り、やっとソムリエの席が空いたのは1999年のこと。しかし、さらにワインの勉強をしたいと思っていたこともあり、休職してフランスへと渡りました。

フランスでは、語学学校に通ったのち、ボルドー大学の醸造学部に入学、「シャトーカルボニュー」というワイナリーで研修生として働き、ぶどうの収穫やワインの醸造を学ぶ日々。このときフランス人の奥さんと出会い、「語学のサポートはもちろんビザの取得まで、彼女がいなければ今の自分はないというほど感謝している」と話してくれました。

その後、フランスから日本に戻って少したった頃、念願だったソムリエになりました。しかし当時、日本のフレンチは低迷の時代。お客さんが少ない日も多くあったため、やっぱり本場へ戻ろうと決め、2005年にパレスホテルを退社。

そしてリヨンの南、ヴィエンヌという町にある二つ星レストラン「ラ ピラミッド」を経て、2008年には「リッツ・パリ」のプルミエソムリエへと転身したのです。

リッツといえば、パリでも最高峰のホテルですから、大統領やハリウッドスターという超VIPにサーブすることも多くありました。それでも、まったくプレッシャーを感じることもなく本当に楽しかったと言うのですから、これまでの日本での経験や、語学の準備が役に立ったのでしょう。

自主的に動かない人間に棚ボタはない

「あんまり、つらいなぁっていう経験がないんですよね。それがなぜなのか自分自身で分析してみたんですけど、どこかでそう思わないようにしてるんです、たぶん。現実逃避ではないんでしょうが、それを考えてる暇があるんだったら、別のことをしようという思考回路になっている気がします」

ソムリエを目指してから10年、かなり遠回りをして、フランスにたどり着いた印象ですが、本人にその実感はありませんでした。これだけ多くのシェフやソムリエが、苦労はないというのですから、学んだり成長しているときには、人間には苦労を苦労と思わない、特殊な回路が働くのかもしれません。

また、海外で働くうえでもっとも大事なのは語学。ソムリエは料理人と違って、表に出てお客さんとコミュニケーションをとらなければなりませんから、言葉ができない人が雇われるはずはありません。ちなみに、教えてくれた語学習得のコツは次のようなものでした。

「言葉が上達するコツは、とにかく覚えてどんどん使うこと。たとえば、こっちの語学学校では、日本人は120%正解だと思うときにしか発言をしません。でも、スペイン人やイタリア人は、指されてもいないのにどんどん発言しますよね。たとえ間違っていても、とにかく口に出すことが大事なんです」

このエピソードからもわかるように、日本人にはとかく控えめな人が多い。とくにフランスでは、自分から出ていく人でないと活躍できないと断言していました。また、自分が日本人だから日本人の悪いところにはなかなか気づけないと言いつつ、こんな話も。

「フランス人と一緒に働いていてよく言われるのは、『日本人にはメリハリがない』ということ。仕事場にダラダラと長くいるし、たとえば途中に中抜けしたりもできませんよね。パッと切って外に出ればいいのに、ずっと仕事を続けてしまったり。逆にいいところは真面目なところ、そして、まわりに対して敬意を示せるところですね」

正確かつ丁寧な仕事ぶりで、フランスだけでなくヨーロッパ各国でも、日本人の評価は高まっているそうです。今では「日本人の料理人がいなくなったら、経営が成り立たない」と話すオーナーもいるくらいの引っ張りだこ。

技術や仕事の確かさは評価されているわけですから、語学の準備をして積極性さえ身につければ、きっと多くの日本人が成功できるポテンシャルを秘めていると思います。

「やっぱり自分から出ていかない人間に、棚ボタはありません。だから、何をするにしても自分から探しに行くことが一番大切ですね。待っている人間には何も起こらない。見つけてもらうのを待っていても、宝くじくらいの確率しかないでしょう。だから、どこにでも、自分からどんどん顔を出していけばいいんです」

ミシュラン三つ星、
「ワールド50レストラン」第3位のスーシェフ

「考えろ、考えろ、考えろ」

イタリア　オステリア・フランチェスカーナ

徳吉洋二　シェフ

Yoji Tokuyoshi / Osteria Francescana

1977年、鳥取県生まれ。専門学校卒業後、都内のレストランで修行し、2005年に渡伊。モデナの「オステリア・フランチェスカーナ」へ。わずか1ヵ月でスーシェフとなり、当時ミシュラン一つ星だった同店を、2006年に二つ星、2012年に三つ星へ引き上げた。2013年に退職、自身の店を出すべく準備中。

1冊の雑誌が運命を変えた

イタリアの三つ星レストランの中でももっともレベルが高いといわれ、グルメ雑誌『ガンベロロッソ』で最高の「トレフォルケッテ」（3フォーク）、またサンペレグリノの「ザ・ワールド50 ベスト・レストラン２０１３」では、世界第3位にも選ばれている「オステリア・フランチェスカーナ」。そこで現在、メニューを考えるところから実際に料理をつくるまで、すべてを手がけるスーシェフを務めているのが徳吉洋二シェフです。

三つ子の真ん中として生まれた徳吉シェフは、実家が薬局を経営していたので、兄弟はみな薬剤師志望。もちろん薬学部を目指しますが、家業を継ぎたくないと反発して、受験に行かなかったのだそう。そして「料理の鉄人」を見たことをきっかけに、料理の道に進むことを決め、アルバイトをしながら東京の調理師専門学校に通いました。

その後、都内のレストランで働いているときにあるシェフと出会い、イタリアンの世界に興味を持ったのです。

「肉もおろせるし、調理もだいたいできる。『イタリアに行ったほうがいいよ』と言われて、じゃあと思って。お金がかかるから、シェフが友だちのところに泊めさせてやるというので、その人を頼ってイタリアに渡りました。もちろんイタリア語はしゃべれないし、英語も片言ですから大変でしたね」

10日間ほど泊めてもらう間に働くところを見つけようということで、まずやったのは、イタリアのグルメ雑誌『ガンベロロッソ』を買ってきて、レストランに電話をかけること。イタリア語は話せませんから、電話をするのもその友人。「日本人が仕事を探しているからいらないか?」と、40軒ぐらいにアポを取ってもらったのです。

まったく知らないところに飛び込み、泊めてもらったうえ、電話までかけてもらう。この遠慮をしないところに、まず驚きます。

さて、その結果ですが、当然というべきか、すべて断られてしまいました。もうこれは日本に帰るしかないということでミラノの駅まで送ってもらい、さらにお金がなかったので、バスのチケットまで買ってもらったそうです。「また来いよ!」「ありがとう」と挨拶を交わし、いよいよ帰ろうと歩いているとき、売店で『エスプレッソ』という1冊のレストランガイドを見つけました。これが、運命を変えたのです。

「そういえば、この雑誌も有名だと聞いていたけれど、見てないなと思って。そのとき全財産は50ユーロしか持っていなくて、その本がたしか30ユーロくらい。よく買いましたよね（笑）。もし彼がバスのチケット代を出してくれなければ、きっと買わなかったでしょう」

そこに載っていたランキングで最高得点だったのが、オステリア・フランチェスカーナ。電話をしてみると、「明日から来い」となって、帰りの飛行機のチケットを捨てて、すぐにレストランのあるモデナに向かいました。電話をしてすぐにやってくるのですから、向こうもびっくり。

「シェフのマッシモからは『明日って言ったじゃないか！』と怒られたんですが、『わからない、わからない』と答えて。『じゃあ、ご飯を食べていけ』と言われてごちそうになると、すごくおいしかったんです。『おまえ何ができるんだ』と聞かれたので、『全部できます！』『じゃあ明日から来い』。それが始まりですね」

ここまで読んだだけでもわかるとおり、とにかく物怖じしないのが持ち味。もちろん自信はあったのでしょうが、「何でもできます」と言えるのがすばらしいと思います。まさに謙遜は悪、「このぐらいしかできないんですけど……」なんて言っていたら、海外ではいい仕事は回ってこないし、何も任せてもらえないのです。

働き始めてわずか1ヵ月後にスーシェフに

半ば押しかけで雇ってもらったわけですから、もちろんビザなし、場合によっては給料なしで働かされたのではと思いきや、きちんと労働条件を交渉をしたといいます。いきなりイタリアに行って、40軒断られたうえ、たまたま採用してくれた店に交渉できる人なんて、なかなかいないでしょう。

「自分はお金は最低これだけは必要だし、家も借りないといけないので、ビザもほしい。ただそれを保障してくれるなら、僕はもうここで1日20時間でも何十時間でも働く。それだけの覚悟はある、と言ったんです」

すると、「わかった」と言って、奇跡的に条件をすべて受け入れてくれました。ダメだろうなと思っても、とりあえず言ってみる。こういうとき、多くの人は「ビザくれ」「給料くれ」と権利ばかりを主張してしまいがちですが、「その代わり死ぬ気で働く」と言ったのがよかったのでしょう。きっと「殺気」のようなものが伝わったのだと思います。

「最初の3年間は、修業というより生きる術を学びましたね（笑）。今は調理場にスタッフが15人ほどいますが、当時は同じところにたった5人だけ。毎日、死にもの狂いで働いていました。でも、まだ20代と若かったので、全然苦だとも思わなくて、むしろ楽しかったですね」

8年たって人数も増え、やっと普通の生活ができるようになったと語る徳吉シェフ。やっぱり、自分の成長につながることをしているときに、つらい、苦しいと思ってしまうようでは本物ではないのでしょう。はたから見たら「大丈夫？」と思うことを楽しいと感じられるときこそ、力がつく時期なのです。

「今もそうですが、もう楽しくてしょうがないんです。ここで働いているみんなは、家に帰りたがらないですから。三つ星レストランのレベルになると、どうしてもここで働きたいと思って入ってきた人たちばかりなので、文句なんて言わないんです」

仕事が大好きで愛している。そんなイタリア人もいるという話にも驚きましたが、まさか家に帰りたがらないとは。ではオステリア・フランチェスカーナは組合が強いので、普通なら週休2日で労働時間も決まっています。ではオステリア・フランチェスカーナの給与が高いのかといえば、最低賃金レベル。それでも三つ星で働けることがステータスになっていて、みな学べることがあると思って仕事をしているのです。

これだけ高いレベル、強いメンバーの中で揉まれれば、自分に力がついているのも実感できるし、レベルも上がるでしょう。いい意味でのピアプレッシャーがあるから、自分ももっと頑張らなければとなってモチベーションも上がる。国内海外を問わず、まわりの人たちのマインドが高いところで修業することは、やはり重要だと確信しました。

コミュニケーションはユーモアから始まる

さて、驚きはさらに続きます。働き始めてわずか1ヵ月後に、なんとスーシェフになってしまったのです。当時、働いていた中にもうひとり日本人がいて、彼がスーシェフ、徳吉シェフはそのサポート（セカンド・ピアット担当）をしていました。その人が、営業中にケンカをして出ていってしまったのがきっかけでした。

シェフから「おまえ、サポートしてたんだよな、できるか？」と聞かれた徳吉シェフ。答えは決まっています。「何でもできます！」「じゃあ、明日からスーシェフだ」というわけ。

ここでどう答えるかで、その後の道は変わります。「ちょっとまだ僕には早い」と言う人は勝負すらできない人、なんとかなると思って「できます、何でもできます」と言えるのが上にいける人。有言実行ではないですが、その一言を発することで、自分を追い込んでいる部分もあるのでしょう。

言葉もできないのに、スーシェフを任されてしまい、まわりのイタリア人ともより密にコミュニケーションをとらなければならない。ということで、それから3年ほどは語学学校に通ったそうです。

「これは真空にして冷凍しろだとか、料理のプロセスを説明するのは、最初は大変でしたね。でも、使うのはだいたい同じ言葉ですから、2年くらいたったらもう、まったく問題はなくなりました」

キッチンの中で起こることは、それほど変化はありませんから、使う言葉は限られています。私が『レバレッジ英語勉強法』（中経出版）でも書いたとおり、狭い範囲のことを徹底的に勉強すれば、実は語学を習得するのはそれほど難しくありません。

そして、人とのコミュニケーションにおいて語学よりも大切なこと。徳吉シェフいわく、それはユーモアです。

「真面目にイタリア語がしゃべれるだけじゃダメで、彼らがどういうことで笑うのか、どういうことが楽しいのかを理解する。それができて、本当のコミュニケーションがとれると思うんです。イタリアのギャグや、ボケとツッコミを勉強するのに一番いいのは、コメディ映画ですね。みんなが笑うところで全然笑えなかったら、盛り上がらないでしょう」

もうひとつ、イタリアで成功する秘訣として絶対に書いておいてほしいと言っていたのは、現地人の彼女をつくること（笑）。そのおかげで、言葉の微妙なニュアンスが理解でき、語学が上達したそうです。

サッカーのたとえ話でマネジメント

スーシェフとしての仕事をこなしながら、いろいろなレストランを食べ歩いたり、料理の学会に連れていってもらったり。新しい経験やつながりをつくることで、どんどん成長していくことができた。そんな彼が言葉の次に苦労をしたのは、人のマネジメントでした。

「経験がある人が直接手本を見せてあげないと、やっぱり誰もやろうとしないいんですよね。新しいメニューを開発するときも、こういうのをつくろうと提案して、彼らが気に入ったら毎日面倒をみる。そうやって、やる気を出すようにするんです。こっちが怠けていたら誰もついてこないですから」

人を動かさなければいけないのは大変でしたが、おいしい料理さえつくればあとは自由。完全におまえの好きなようにやれというのが、オステリア・フランチェスカーナのシェフ、マッシモのスタンスでした。ときには説明しても、スタッフになかなか理解してもらえないこともありました。そんなときは、サッカーの話を使って説明するのだそうです。

「たしかに、一番得点を取るのはスーシェフの僕かもしれない。はたから見ればフォワードがスターかもしれないけれど、サッカーにはディフェンダーだって、ゴールキーパーだっている。そういう人が役割を果たさないと、絶対に試合には勝てない。だから自分の役割をきちんとやってもらわないと困るって言うと、はあ〜って納得するんです」

料理の話もサッカーにたとえるとは、さすがはカルチョ（＝サッカー）の国です。日本で修業をしていたときには、殴る蹴るは当たり前。普通そういう環境で育てられたら、自分が上に立ったときにもつい反射的に手や足が出てしまいそうなもの。でも、暴力は一切使わなかったといいます。

その国にはその国ごとのマネジメント方法、人のまとめ方があります。現地の人たちがわかりやすいたとえを出すことも、そのひとつの方法なのです。

日本人だからこそできるイタリアンをつくる

日本でイタリアンを学んでいたとはいえ、それは日本人向けの料理。イタリア人が納得するイタリアンをつくるために、本を買ってきて勉強したといいます。1冊は、日本人向けにイタリアの州ごとにトラディショナルな料理を紹介した『イタリア料理教本』（吉川敏明／柴田書店）、もう1冊はアンナゴゼッティというイタリア人が書いた料理全集。それをひたすら読みまくって、現地の料理を覚えていったのです。

「わからないなりに勉強しながら試して、調理場で働いているイタリア人に食べてもらったんです。一番勉強になったのは、彼らに『君の家、どんな料理を食べるの？』って聞くこと。すると、昨日お母さんがこういうのをつくった、おばあちゃんのこれが一番おいしいなんて教えてくれる。それをまかないでつくってもらうというのを、けっこうやりましたね」

徳吉シェフは、たんにイタリア人と同じ料理をつくってしまうと、イタリアでは失敗をしてしまうといいます。同じものなら、当然イタリア人のつくった料理のほうがおいしいと言うに決まっている。現地のことを研究して、日本人だからできるオリジナルを出さなければいけない、と。

20年前には、タダだったら働かせてあげるという感じだったのに、今では逆に日本人を欲しがっている。その理由については、次のように説明してくれました。

「日本人って、持久力があって集中力がずっと続く。最後の掃除まで完璧にやり尽くそうとしますよね。そういう部分が買われているんだと思います。こっちの人は、2時間ぐらいワーッと忙しいと、そのあとは、もうぺちゃくちゃおしゃべりし始めたりして集中が続かない（笑）。それをどうこう言っても仕方ないので、ちょっと休憩させるようにしていますけれど」

日本人が信頼されるもうひとつの理由は、「忠誠心」。リチャード・ギアが主演してハリウッドでリメイクされた映画「HACHI　約束の犬」を観たイタリア人が、「毎日迎えにいくなんてすごい」とびっくりしていたというエピソードも話してくれました。

「あるとき『日本人って、ハチ公みたいな感じなの？』って聞かれたことがあって、そうかもしれないなと思ったんです。忠誠心というと、すごく上下関係があるイメージになってしまうから、少し違うかもしれませんが。目標を達成するために一緒になって頑張ろうという意識が強いですよね。あ、イタリアには、サムライの映画が好きな人もいましたね。なんで、お殿様のために死んだりするんだ、俺だったら絶対に逃げるなんて言ってて（笑）」

考えろ、考えろ、考えろ

働き始めたとき、オステリア・フランチェスカーナはまだ一つ星、彼が入ってから急激にレベルが上がり、２００６年には二つ星、２０１２年にはついに三つ星を獲得するまでになりました。

シェフを務めているマッシモ・ボットゥーラ氏は、徳吉シェフいわく「とにかく舌がすごい」のだそう。味見をするだけで何が入ってるのか全部わかるので、これを足すともっとよくなる、ここを変えろと的確な指示を出すといいます。

「いつもマッシモが『ペンサー、ペンサー、ペンサー』って言うんです。ペンサーというのは、イタリア語で『考えろ』という意味。とにかくいろんなことを考えろ、そして書け、さらに読み返すんだと。それを何回も繰り返すと、違うアイデアが出る。彼は、実は精神科医なんじゃないかと思うくらいマニアックに、ひとつのことを突き詰めて考えるタイプ。でもたしかに、考えることをやめると、その時点で止まってしまうんだと思いますね」

マッシモは「考えることをやめなければ絶対に成功する」という信念を持っていました。彼が徳吉シェフに語ったのは、三つ星を取ってイタリアンのトップになったけれど、俺たちはここで終わりなのか、そうじゃないだろう、ということ。もちろんビジネスとして成功させなければいけない仕事もあるし、情熱としてやるべき仕事もある、その両方がうまく回るのがベストなんじゃないか、と。
もはや料理人というより、哲学者のようです。料理の腕はもちろんすごいのでしょうが、たんに料理がうまければこの位置までいけるのかというと、やはりそうではないと感じました。きっと、こうした強い思いがなければ評価もされないし、その評価が続くこともないのです。

「彼には嫌なことは嫌だと言うし、うれしいときはものすごくうれしいと言う。言葉ができないなりに、文句があるときは必ず文句を言います。なんていうか、隠すとやっぱり自分に嘘をつくことになってしまうので」

多くの日本人は、こういう場面で、つい感情を隠してしまいます。もちろん、働かせてもらっているという思いもあるでしょう。でも海外では、感情を隠していたら、相手には何もわかってもらえないと思ったほうがいい。努力を続けた結果、徳吉シェフが嫌そうな顔をしていれば、マッシモからすぐに「なんか嫌なことあるんだろう?」と聞かれるほど、いいコミュニケーションがとれているそうです。
こう考えるようになったのは、前任の日本人のスーシェフを見ていたから。彼は5年間イタリアにいたのに、イタリア語がほとんどしゃべれずに、ずっと調理場の中で黙っていました。そして最終的に、うっぷんが溜まって怒って帰ってしまったのです。

「彼みたいになりたくないなと思ったんで、僕は言いたいことははっきり言います。たとえイタリア語が無理でも英語だって話せるし、辞書も持っている。マッシモには何か意見があるたび必ず紙に書いて渡していました。これは海外で仕事をして学んだことですが、準備さえしておけば、すべてのことってなんとかなるし、伝えようと思えば、いくらでも方法はあるわけです。渡すと『なんだなんだ、またか』とか言われて（笑）」

多くの人は、ここまでやらずにあきらめてしまうでしょう。一度、マッシモが「おまえは文句が多すぎる。なんでここまで俺に文句を言うんだ」と怒って、ケンカになったこともありました。そのときに、徳吉シェフが言った言葉は、「俺はこの店が大好きだから言ってるんだ！」。たんなる文句ではなく、店をよくしたいという思いが伝わり、納得してくれたのだそうです。

お金ではなく、やりたいを仕事にする

「海外で絶対に成功する秘訣というのは、ないですね。たぶん、それぞれ自分の持ち味を出していけば、自然と核になるものができていくんだと思います。それを無理に変えたり、無理にやろうとすると失敗してしまう」

もともと海外に行きたいという希望はまったくなく、イタリアに渡ったのも本場で勉強をしてみたかったから。「せっかく行くんだから適当にはやりたくないし、自分の好きなイタリア料理を極めたいという思いだけでやっていたら、こんなに長くなってしまった」と話してくれましたが、それが、彼の中で「核」になっていたものなのでしょう。

料理を学びたいという思いで海外に行ったのに、いつの間にかお金を稼ぐことが目的になってしまったら、きっと成功することはできなかったと思うのです。

「お金が儲かる儲からないは別にして、まずは自分が好きなことをやって、それがビジネスとして成り立っていくんだったら、それは成功したといえるかもしれ

ません。でも、やりたいこともないのに、最初からお金だけを考えていたらダメでしょう。60歳ぐらいになって、お金はたくさんあるのに、俺何をやってたんだろうって感じると思うんです」

イタリアのトップのレストランでスーシェフになったり、それなりの仕事ができるようになると、偉くなったと勘違いをして、急に「これぐらいのお金はほしい」と言い出してしまう人も多いそうです。彼は、そうやってシェフとケンカをしたり、いなくなってしまった人を何人も見てきました。

「若い人にはいつも『ここにいるから偉いわけではない』と言うんです。ここで何をやるかによって、偉くなるかならないかが決まっていく。だから絶対に、そんなことは思わないでほしいって」

その人の人生を決めるのは、働いている場所や地位ではなく、そこで何をやったかどうか。成功する要素をつくるためには、まず自分が何をやりたいかからスタートすること、お金ではなく自分の中に一生の財産として残る経験や能力を大事にすることだと教えてくれました。

「僕の兄弟は薬剤師になって、もう薬局も一軒ずつ持っているし、家も買って、車も買って、結婚もして、子どももいます。それに比べて僕なんか、家もないし車もないし結婚もしていない、何もないわけです（笑）。それが欲しいなら、実家に帰って働けばよかった。その代わりに僕は、世界中をマッシモと一緒に回って、食についての知識を得たり、街並みやさまざまなものを見ることができました。きっとそういうものが財産なんでしょうね」

運はみんなにある、それをつかめるかどうか

「自分はすごくラッキーだったと思うんです。イタリアへ来て、この店へ入れてもらったのもそうだし、たまたま自分で考えていけるようなスタイルのお店だったのもそう。ここでは、いいお皿をつくるためだったら何をやってもいいし、どんな食材を買ってもいい、どれだけお金もかけても文句も言われない。とにかく

オステリア・フランチェスカーナ
徳吉洋二 シェフ

自由なんです」

日本に帰る最後の最後に、オステリア・フランチェスカーナに当たり、採用されてすぐにスーシェフに、そして三つ星レストランにまでなった。なんて運のいい人なんだろうと思うかもしれません。でも実は、この運のよさは、行動した結果引き寄せたものです。言葉もしゃべれないのに、知り合いにお願いしてまで電話をしたり、何を言われても「できます」と答えたり。

きっと運というのはみんなに平等にあるもので、それをつかめるかどうかなのでしょう。そして行動を起こさなければ、運はやってこないのです。

「レストランでの仕事は大変だし、ストレスも溜まる。でも、その中で自分を安定させてくれる何かが見つけられれば本当に楽しい」と徳吉シェフ。

最後に彼が話してくれた言葉は、これから仕事を始める人、仕事がつまらないと感じている人、また海外に挑戦したいと思っている若い人たち全員に聞いてほしいと思います。

「忙しいから楽しいんです。忙しいからこそ、やらなきゃいけないことも出てくるし、いろんなことが考えられる。もし楽しく感じられないとしたら、それは仕事を大変なものだと思っているから。僕なんて次のバカンスでは何をしようかな、なんて考えながら仕事をしたりもするし（笑）。とにかくやれば楽しい。まあ、そんなことです」

イタリアで権威のある2つのメディアから
年間最優秀ソムリエ賞を受賞

「あえて困難な道を選ぶ」

イタリア　ダル ペスカトーレ

林 基就 ソムリエ

Mototsugu Hayashi / Ristorante dal Pescatore

1975年、愛知県生まれ。2000年に渡伊後、イタリア初のミシュラン三つ星を獲得した「グアルティエロ マルケージ」などをへて、2007年より「ダル ペスカトーレ」でプリモソムリエ。2013年に退職し、2010年に日本で実弟とともに設立したワイン輸入販売会社「Vino Hayashi」のイタリア支店「Vino Hayashi Italia」を開設。

明確な目標にしたがって道を決める

「自分たちが、ラ・ベットラ・ダ・オチアイの落合務さんたちの世代を見てイタリアに憧れたように、それを僕たちの世代が引き継いでいく。誰も有名レストランで働いてなかったら、たぶんこれから海外へ渡る若い人たちも無理だって思ってしまいますよね。そういう価値があると思って、こだわり続けてもうすぐ5年になるんですけど」

そう話すのは、イタリアでもっとも長く三つ星を維持しているレストラン「ダル ペスカトーレ」でプリモソムリエを務めていた、林基就ソムリエ。野茂英雄選手や中田英寿選手が、メジャーリーグやヨーロッパリーグへの道をつくったように、彼の活躍する姿を見て、海外でソムリエをやってみようという人が出てくるのではないか。そう考えると、本当に価値のある仕事をしていると思います。

林ソムリエは、なんと理系の愛知工業大学を卒業している異色の経歴。ソムリエを目指すきっかけのひとつは、名古屋の大須にある電気街でアルバイトをしていたことでした。

「オーディオを売っているうちに、販売の仕事って楽しいなと思ったのが、将来の方向を変えた第一歩かもしれません。実はうちは洋品店をやっていて、親は根っからの商売人、自分にもそういう血があるのかなと（笑）」

早い時期に、自分の適性や向き不向きに気づくのは大事なこと。そのためにアルバイトなどをして、いろいろな職業の人に触れられる「場」をつくることを若いうちにやっておくべきだと思います。

そしてこのアルバイトをきっかけに、いくつかの重要な出会いをすることになります。ひとり目は、大学時代にアルバイトを始めたレストランのオーナー。東京の有名レストランでギャルソンをしていた経験があり、彼が料理やケーキをサーブする様子がかっこよくて、レストランのサービスに興味を持ったのです。

そして2人目が「心の師匠」だという、現在（2014年3月）「レストラン ヴィトラ名古屋」で支配人兼シェフソムリエを務める小谷悦郎さん。

「小谷さんは同じ名古屋出身で、イタリアで初めてミシュランの三つ星を取ったグアルティエロ マルケージで、1995年から1999年までシェフソムリエを

務めていた方。日本にバカンスで帰ってらしたときに、たまたまお会いすること
ができたんです」

この出会いをきっかけに、イタリアに行く決意を固め、アルバイトを続けながら大学を卒業すると、渡航費を貯めるために、名古屋の「ジラ・ソーレ」というイタリアンレストランで働き始めます。明確な目標にしたがって道を決め、お金には代えられないつながりをつくっていきました。

「イタリアに行くんだったら当然、イタリア人オーナーの店がいいと思ったんです。そこで働く間に、オーナーのマヌーリ・ニコラさんからミラノの知り合いを紹介してもらったり、小谷さんからマルケージのマネージャーを紹介してもらったりしました」

ダル ペスカトーレ
林 基就 ソムリエ

「こういう仕事はしたくない」と言わない

2000年の4月、いよいよミラノへ。スーツケースひとつで、イタリア語もまったく話せない、右も左もわからない中でのスタートでした。

「夏ぐらいまで語学学校で必死に勉強しながら、職探しを口実にレストランやワインバーを回って、食べ歩きや飲み歩きをしました。楽しく飲めるのはここところだな、なんて自分でマップをつくったり。これでもかっていうぐらいミラノの街を歩き回りましたね」

語学やワインの勉強をすることはもちろん、自分の足を使ってどこまで店を回れるか、こうした準備やリサーチが大事だと思います。そして、ブレラ美術館の近くに新しくオープンする、酒屋兼ワインバーの仕事を見つけます。そのほか海外で働き口を見つけるコツを、次のように説明してくれました。

「自分たちが外国人だっていうことを、まず誰よりも認識しなければいけません。労働時間が長いとか、こういう仕事はしたくないとかは言わずに、奉仕する気持ちを持つこと。店は自分とオーナーだけでしたから、ワインセラーをつくるところから、オーダーの管理、グラスワインのメニュー書きまで、何でもやりました。そうやってアピールをしていけば絶対に職はあるし、ヨーロッパではすぐに認めてもらえると思います」

これは飲食業界に限ったことではありません。何度も言うとおり、修業の期間には「とにかく仕事に集中する」という気持ちも必要です。若いうちからワークライフバランスや時短を求める人がいますが、それはまた別のステージでの時間の使い方。やるべきことは、ステージごとに違うのです。

修業を始めて1年くらいがたった頃、憧れのグアルティエロ マルケージに食事に行く機会がありました。林ソムリエはそのとき、「小谷さんから紹介された」という一文を入れた履歴書をマネージャーに渡します。すると2ヵ月後、研修生として入らないかという連絡を受けたのです。

「マルケージに入るのは、イタリアに来て最後の目標だと思っていたので、正直びびっていたんです。一つ星とか、トラットリアで経験を積んでからにするべきじゃないかとも考えたんですけど、話をいただいたなら行くしかないなと。結果的には、サービスにしても同僚にしても、マルケージでのすばらしい経験があったから今の自分があると感じています」

苦しいよりも楽しいと思って仕事ができるか

最高のレストランには、やはり意識の高い人たちが集まっていました。そしてレベルの高いところでレベルの高い仲間と触れ合うことが、また自分を高めてくれる。無理かもしれないと思いつつも突っ込んだことで、得たものは大きかったでしょう。

「自分は何もできなかったので、いつも教えてもらうばかり。でも、本当に仕事場に行くのが楽しかったんです。何時間働いても、たとえ年下の同僚から何か命令されても、それはしょうがないなと納得しながら」

修業の段階を、「たんなる給料をもらうための労働」ととらえるのか、「自分の糧であり勉強」ととらえられるのか。苦しいよりも楽しいと思って仕事ができるかどうかで、あとの成長はまったく変わってきます。

当時はイタリア語すら満足にできなかったものの、ここで自分が活躍できることはないか、自分のアドバンテージは何かを考えました。たしかに、同僚に比べてイタリアワインについての知識は少ない。でも、フランスやアメリカ（カリフォルニア）、オーストラリアなどのワインについては、日本のほうが情報が早いことに気づきました。そのメリットを生かして、他人と差別化することを考えたのです。

「雑誌を読んだり、インターネットで調べたり、もともとワインが好きでこの仕事をしているので、趣味が仕事になったみたいなもので、全然苦ではありませんでした。すると他の国のワインを知っていて、話ができるということで、ちょっと違った意味でリスペクトしてもらえるようになったんです」

翌2002年、チャンスが訪れます。バカンスの明けた2月から5月までの3ヵ月間、マルケージのパリ店オープンのため上司が不在になり、ひとりでソムリエをやることになったのです。

「今だから言いますけど、すごいプレッシャーだったんですよ。自分の経験値を上げないとびびってできないから、バカンスの間に、元マルケージにいて1999年に国内チャンピオンになったソムリエについて、死ぬ気で勉強したんです。パーティがあれば、こんなワインをオーダーしなきゃいけない、グラスの準備をしなきゃいけないなんて、寝ているときもワインのことを考えてましたね」

入ってわずか4ヵ月、日本なら「まだ早い」となるところを任せてしまうのが、ヨーロッパのすごいところ。きっと、一生懸命勉強をしている姿勢を見て、こいつはできると判断されたのでしょう。上司が戻ったときには、緊張の糸が切れて病気になってしまうくらい、極度のストレス状態。でも、任せられる、追い込まれる経験が、これ以上ないトレーニングになったのです。

こうした頑張りが認められて、1年も経たないうちに労働ビザを取ってもらい、マルケージと正式契約。これは、ソムリエではほとんどないケースです。料理人なら腕がいいだけでも雇ってもらえるでしょうが、ソムリエはワインの知識はもちろん、お客さんとのコミュニケーションを求められます。知識のレベルも言葉のレベルも、相当高くなければ不可能なことなのです。

やってきたことを自分の財産にする

その後、ローマやミラノで、マルケージの店を回ったのち、2005年にイタリアンブランド、トラサルディが新しく出すレストランのシェフソムリエ（チーフソムリエ）となります。このレストランの総合支配人になった、マルケージの元シェフは、こんな言葉で推薦してくれました。

「僕は今まで仕事した中で、あれほど本当のサービスをできる人間を知らない。ぜひ自分がつくるレストランのシェフソムリエとして、ワインリストをつくってほしい」

そもそも外国人をシェフソムリエとして招くこと自体が異例のこと。仕事が認められたのはもちろん、これまでに信頼を勝ち取っていた証拠です。その期待に応え、彼はオープンまでの3ヵ月で、600種類のワインリストをつくるというチャレンジをします。

「同業者が来ても驚くようなワインリストをつくろうということで、ワイナリーにコンタクトを取って、仕入れの手配もすべて自分でしました。600種類といっても、最初にピックアップしたのは2000〜2500種類くらい。このとき勉強をしたことが今、かけがえのないものになっています。本当に大変だったんですが、すごく充実した仕事になりました」

集中して勉強したことで、もちろん知識は増えたでしょう。でも、たんにたくさん働いただけではなくて、やってきたことが自分の財産になっているというのがポイントです。その財産をつくるために、徹底的に努力をする。ここでできた人間関係や知識は、絶対にお金では買えないものですから。

他にも、ワインリストよりもわかりやすいものをということで、ショールームのような、モダンなガラス張りのワインセラーもつくりました。こうしたメディアの注目を集めるインパクトのある仕事をしたこともあって、その後、「トラサルディ アッラ スカラ」は二つ星を取ることになります。

「このときに、いろんな編集者やジャーナリストと知り合いました。こういうことをやったソムリエが日本人だというのを知ってもらういい機会にもなったし、『イタリアに林あり』じゃないですけど、業界にアピールできる、すごくいい経験だったと思います」

あえて困難な道を選ぶ

そんなとき、ダル ペスカトーレのオーナーからオファーを受けました。同じ時期に、日本からのオファーもありましたが、「三つ星のオーナーから誘ってもらえる機会なんて、たぶん一生ない。もっと上に行きたい」という思いで、引き受けることを決めたのです。きっと、日本に戻ったほうが楽だと思います。それでも、今まで誰もやったことがない経験をしたいからチャレンジする。あえて困難な道を選んだのです。

2007年の3月、ダル ペスカトーレで働き始め、初めてのお客さんにワインをサーブしたときのこと。相手が知り合いだったにもかかわらず、緊張して手が震えてしまったそうです。理由はわからないけれど、おそらく三つ星の看板だったのではないか、と話す林ソムリエ。店を背負うには、それほどのプレッシャーがあるのです。

ところで、三つ星レストランのソムリエが日本人ということを、オーナーや現地のお客さんはどう考えているのでしょうか。

「もしも超有名なお寿司屋さんに行って、職人がアメリカ人だったら、お客さんは驚きますよね。でも、もしそのアメリカ人が、日本人よりもおいしい寿司をつくるのであれば、それはアピールできる絶好のパーソナリティじゃないですか。実際、自分がイタリア語を上手に話して、イタリア人以上のサービスができれば、お客さんは次も、僕のすすめるワインを飲んでくれるでしょう」

もちろん最初は、「オーナーを呼んでくれ」とか「別のソムリエを呼んでくれ」と言われたこともありました。普通なら、「やっぱり日本人だから無理なんだ」「あいつらわかってない」と文句を言いたくもなるでしょう。でも、それを楽しんでいるというのが、すばらしいところ。やっぱり海外で仕事をするには、逆境を楽しめないとダメなのです。

「イタリア人と同じレベルだったら勝てないですよね、もっと突き抜けてないと。すごく大変ですけど、そのためなら自分はいくらでも努力をします。そして、そういうポジションを与えてくれたオーナーに、すごく感謝をしています」

そのこだわりのひとつが、温度管理。彼はワインをサービスするとき、温度計を使って、徹底的に温度を測ります。もちろんイタリア人ソムリエで、そんなことをする人は皆無ですから、お客さんは「ここまでやっているんだ」となるでしょう。このようにワインの知識はもちろん、小まめなサービスや丁寧な説明をすることで、徐々にお客さんの信頼を得ていったのです。

すべてのものに理由をつけて行動できるのがプロ

「マルケージで仕事をしているときに、よく『ペルケ アイ ファァット？（なんでやったの？）』と言われたんです。『自分がするすべての行動、サービスに、理由をつけろ』『やることすべてには意味があるはずだろう。それがないことをやるな』と。なんでやらなくちゃいけないか、それを説明できるのがプロなんですよね」

言われたことをただやるのはロボットで、「なんでこれをやるのか」を自分なりに考えることが必要です。すべてのものに理由をつけて行動することで、レベルも上がるし、差別化もできるようになる、そうすれば仕事はもっと面白くなるはず。日本でも、面白い仕事をしようと思ったら、理由をつけて考えることが必要でしょう。

「プロだったら自分からやらないといけない。そのメンタルがあれば、たぶんどの業界でもやっていける。僕がイタリアに来て大きく変わったのは、そこですね。『先生や上司に言われたからやる』じゃなくて、上司に『これやってくるよ』と言える立場にならないといけない、そう思えるようになりました」

こうしたことが学べたのは、高いモチベーションとメンタルを持った同僚がいたから。彼はインタビューの中で、何度も「メンタル」の重要性について話してくれました。私がとくに興味を持ったのは、次のコメント。海外だからこそ、昔の日本人らしさが武器になる、そんな逆転の発想でした。

「戦後の高度成長期のメンタルがあれば、たぶんどこの世界でも通用すると思うんです。というかむしろ、海外のほうがいい。日本だったら埋もれてしまうかもしれませんけど、海外に行けばすごく際立つと思うんですよ。今の時代だからこそ、サムライ的な考え方が見直されるというか。知識なんかよりも、礼儀とかのほうが大切だと思いますね」

量が質に変わる

「自分で資金を貯める」「言葉を覚えられるだけ覚えておく」「できるだけのコネは使ったほうがいい」……。海外に行く人へのアドバイスを聞いてみると、かなり具体的な意見をたくさん聞くことができました。

「最低でも、NHKのイタリア語講座は、初級・中級・上級全部、できるだけやるに越したことはありません。仕事を始めてしまうと自分の時間がなくなりますから、できれば最低でも2ヵ月くらい、缶詰で学校に通うことをすすめます。メリハリをつけたほうがあとで後悔しないでしょうし、その期間にお店を回ったりもできますし」

今イタリアに来ている若い人たちは、「お金がない」と言って、レストランを回らないことも多いそう。だからこそ、お金は貯めてくるべきだといいます。

「コネをつくるためには、日本でも、イタリア人のいるところで働いたり、食べに行って話を聞く。こっちに来てからもそう。イタリアに来てレストランに行かなかったら、どこに行くの?って思います。行けば僕みたいな日本人もいるし、自分の場合は人を紹介だってしてます。『ペスカトーレ　林　ソムリエ』で検索すれば、情報が出てくるじゃないですか。僕が言うのもなんですけど、ダル ペスカトーレに1回来てくれれば、たぶん人生が変わると思います（笑）」

昔は海外で働いている人や活躍する人を探すのは、とても大変でした。今はインターネットもあって、すごく楽になったのだから、活用しない手はありません。私も本書を書くとき、フェイスブックでつながって取材をさせてもらった人もいるし、知り合いを介して紹介してもらったケースもありました。

言葉しかり食べ歩きしかり、話を聞いていて思うのは「量が質に変わる」ということ。彼はイタリアに来て5年くらいは、とにかくワインを飲みまくっていたそう。なぜ量を飲むかというと、それは「自分の軸を見つけるため」でした。

「トラサルディのときには、スクラップしていたガイドブックに載っているすべてのラインナップを読み漁って、ワインリストをつくりました。昼のサービスが終わったら、本にチェックしつつデータベースをつくって、バランスを見て決めていったんです。コンピューターに打ち込んだのは、全部で2000種類くらい。そのときは、それが楽しかったので。あらゆるワイナリーにある、自分が好きなワインの個性をすべて知っていて、お客さんがどの地方のどのワインを頼んでも満足できるものが出せる。そういうリストをつくったつもりです」

たんにダラダラと量だけをこなすことに意味はありませんが、仕事にしても、ワインの知識にしても、言葉にしても、集中しなければ身につきません。「量が質に変わる」地点は必ずあります。それまではとにかく、量をこなさなければいけないのです。

「もちろんプレッシャーもありますし、大変だとは思いますけど、そこで『なにくそ』って思ってやることが大事ですね。あとは、よく『僕は3ヵ月で辞めるから、適当にやればいいんだよ』って話す人がいますけど、そういうことは絶対に言わないほうがいい。狭いレストラン業界の中では、必ず噂は広まるので」

どうやったら海外に行けるかより、何をしたいか

「どうやったら海外に行けるかよりも、重要なのは何がしたいかです。自分の場合は、イタリアンワインを勉強したいという確固たる目的があったので、そのために準備をしてきました。何か趣味でもいいから、そこでしかできないことを見つければいいんです」

現在、海外に行きたいという人は増えていますが、目的がないまま外に出た人はうまくはいきません。では、活躍するためには何が必要なのでしょうか。

「真面目に仕事をして、現地の人以上に上を目指すことですね。他人からどれだけ無理だと言われても、はね返すだけのメンタルと行動力。もちろん何か言われたら、言い返すくらい。日本人って真面目で勤勉なんですが、それだけだと、グループの中に埋もれてしまいます。イタリア人と日本人で大きく差があるのはリーダーシップ。イタリアでは発言しないと、余計な仕事ばかりをもらったり」

活躍している人たち誰もが言うように、日本人の評価されている部分は、真面目、勤勉、繊細、丁寧。ただ、それだけだと便利に使われて捨てられてしまいますから、やはりリーダーシップや発言力が大事になってきます。

「言いたいことははっきり言わないと、彼らは好きなように解釈するんです。実際調子がいいんで、その調子よさに流されると、とんでもないことになる。日本みたいに、アイコンタクトで理解してくれるようなやさしいチームワークはまったくないですね。だから仕事中に気づいたことがあれば小まめに言わないと。そうやっていくうちに、チームワークができるんです」

リーダーシップを取るには、もちろんリスペクトされるような仕事を見せるしかありません。人の上に立ち、人をマネジメントしていくためには、自分が認められるのが一番の方法です。

「彼らは自分が一番だっていつも思っているんです。『その自信はどこから来るのかな？』って言いたい。反対にいえば、それが今の日本人に少しでもあったら面白いのかなって思うときもありますよ。こっちでは普通なのかもしれませんが、本当にとんでもないですよ、やつらは（笑）」

海外でチャレンジをしている人たちはみな、普通なら「こんなに大変なことはできない」というところに飛び込んでいきます。「できません」と言わずに、とりあえずやってみる。そして、がむしゃらにやった結果、できるようになってしまうのです。

「これはできないな」と言ってやらなければ、いつまでたってもレベルは上がりません。

最後に、「日本人が海外でソムリエなんてできるはずがないとは思わなかったんですか？」とたずねてみました。

「全然思わなかったですね。それより、自分のまわりにいるトップソムリエを追い越したい、っていつも考えていました。きっと小谷さんがいなかったら、僕は今ここにはいないでしょう。だから自分も、次の世代にうまくバトンタッチできるような存在になりたいんです。イタリアでもトップのところに行って、彼らを追い越していかないと、次の世代は続きません。そしてまた僕を踏み台にして、次に行ってくれる子を育てたいですね」

『ミシュランガイド イタリア』
日本人として2人目の一つ星

「活躍するために必要なのは『強みとビジョン』」

イタリア　マニョリア レストラン

能田耕太郎 シェフ

Kotaro Noda / Magnolia Restaurant

1974年、愛媛県生まれ。大学卒業後、神戸の「グアルティエロ マルケージ」で修業し、1999年イタリアへ。いくつかの店で働いたのち、2004年、ヴィテルボにある「エノテカ・ラ・トーレ」のシェフとなり、2010年にはミシュラン一つ星を獲得。ローマの「マニョリア レストラン」をへて、現在、次のプロジェクトに向けて再修業中。

人よりも数年遅いスタート

イタリアで料理番組にも出演し、現地でちょっとした有名人になっているのが、ローマのジュメイラ グランド ホテル ヴィア ヴェネトにある「マニョリア レストラン」の能田耕太郎シェフ。初めて料理の世界に触れたのは大学生のとき、日本料理店でアルバイトを始め、22歳から本格的にイタリア料理を学びました。

1996年、神戸のイタリアンレストラン「グアルティエロ マルケージ」に入ります。マルケージといえば、イタリアで初めてミシュランの三つ星を獲得したことでも知られるトップレストランで、イタリアの本店には本書にも登場している林基就ソムリエも勤めていました。現在は閉店してしまいましたが、当時、日本に支店を開いていたのです。

本書に登場するシェフたちの経歴を見てもわかるとおり、料理の道へ進む人の多くは専門学校を出ています。いくらアルバイトをしていたとはいっても能田シェフは大卒ですから、その段階ですでに2～3年ほど後れをとっているわけです。

「まわりの人たちは全員年下、しかも自分は何ができるわけでもありません。もちろん年下の〝先輩〟から雑用を頼まれたりすることもありましたが、まったく気になりませんでしたね。目標があったし、もっと先のことを見ていたので」

料理を始めたばかりなのに、このときにはもう、ミシュランで星を取りたいという明確な目標を持っていました。当時、まだ日本では『ミシュランガイド』は出版されていませんから、星を取るなら海外に行くしかありません。

マルケージでは、イタリア行きを後押ししてくれる出会いもありました。当時ここでシェフを務めていたのがエンリコ・クリッパ氏。のちにイタリアのアルバという小さな町に「ピアッツァ・ドゥーモ」というレストランをオープンし、三つ星を獲得することになる人でした。こうして、日本にいながらにして海外の一流シェフの働き方を学ぶことができ、イタリア修業のときにも、そのコネクションは役に立ったといいます。

何かひとつでも優れたスキルを持つ

1999年、24歳のとき、彼はイタリアへと渡ります。イタリア語もほとんどできな

マニョリア レストラン
能田耕太郎 シェフ

かったし、海外で働くためにはビザが必要ということすら知らないような状態でした。何度も述べているとおり、ビザの取得は2005年くらいからだいぶ楽になったものの、当時はまだ難しい時代。それにもかかわらず、修業を始めてわずか半年で取得してもらうことができたそうです。

その理由をたずねると、「同僚よりも早く仕事場に行くこと」という答えが返ってきました。みんなが仕事に真剣に取り組んでいるわけですから、それ以外の部分で差をつける。誰かが早く来れば、それよりもさらに早く行ってアピールしたのだそうです。

もうひとつ、学生時代のアルバイトで身につけた技術がありました。日本料理店でかなり練習を積んでいたこともあって、他の人たちに比べて、魚をさばくのがとても上手だったのです。人よりも何かひとつでも優れたスキルがあれば、海外で活躍できるきっかけにもなるし重宝される、そのいい例だと思います。

イタリアで修業を始めて5年ほどたった2004年、ローマの北にあるヴィテルボという町にあるレストラン「エノテカ・ラ・トーレ」のシェフとなりました。

そして翌年には、イタリアのグルメ雑誌『ガンベロロッソ』のリストランティ・ディタリアで、ドゥエ・フォルケッテ（フォーク2本）を獲得。『ガンベロロッソ』は、いわばイタリア版のミシュランのような雑誌で、ミシュランの星にあたる評価をフォークの数で表します。そこで、最高とされる3本に次ぐ評価を受けたわけです。

さらに2010年、シェフになって6年目で、ついにミシュランの一つ星を獲得。イタリアで星を取ったのは、堀江純一郎シェフに続き、日本人としては2人目の快挙でした。

他のヨーロッパの国々と同じように、イタリアでも星を取っている一流シェフはスターであり、彼らをリスペクトする文化があります。修業中の料理人からすれば、雲の上の人たちで、神様といっても過言ではありません。そういうシェフと会ったり、一緒に働くときに、気をつけていたことがありました。

「一流のシェフを『遠い存在』だとは考えないようにしよう、と思っていました。そう思ってしまったら、彼らと同じ立場には行けないと感じたんです。いくら偉大だといっても、同じ人間ですから。まあ、実際に一つ星を取るまでは、自分がそこまで行けるなんて思ってもいませんでしたけれど」

活躍するために必要なのは「強みとビジョン」

「イタリアという土地にはすばらしい食材がたくさんあります。料理人には、技術はもちろんですが、いい食材を見抜く能力も必要なんです」

私が能田シェフに聞いてみたかったのは、マネジメントの方法。あの適当でいい加減といわれるイタリア人を、どうやって動かすのかが知りたいと思っていました。はたして、そのコツは「自分の情熱を見せること」。やはりラテンは、情熱が重要なのでしょうか。まずは自分が先頭に立ってやってみることが必要で、そうするとイタリア人はついてきてくれるといいます。

週35時間労働の影響で、フランス人の料理人のレベルが下がっていることは、本書に登場するシェフの多くが実感していることです。私は、フランスに比べてミシュランの星付きレストランが圧倒的に少ないイタリアでも、そうした傾向があるのではないかと思っていました。

しかし、彼の答えは違っていました。つまり、数が少ないからこそ、逆に星付きレストランにはモチベーションの高い料理人だけが集まりやすく、レベルは総じて高いというのです。

「ただ、イタリア人は集中力を継続させることが苦手で、日によってモチベーションに波があるんです。10やるときもあれば3しかやらないときもある。その点、日本人は、そもそもの平均点が高くて波も少ない。レベルはとても高いと思いますね」

やはりイタリアでも、日本人の料理人に対する評価は高く、活躍できる環境も整ってきているように感じます。これからイタリアに来る人たちへのアドバイスとしては、次のような話をしてくれました。

「まずは、自分の武器を持つこと。私のように魚がさばけるとか何でもいいんですが、人には負けない自分の強みをつくっておくことです。それから働くお店は、自分が将来どうなりたいか、どうしたいかというビジョンにしたがって選んだほうがいいですね」

誰もが言うように、日本人の正確な技術、丁寧な仕事には定評があります。それに加えて、さらに人と差別化できる強みを身につけておくことが、活躍するための第一条件。魚をさばく技術でもいいし、言葉がしゃべれることでもいい、とにかく人脈だけは持っているというのだって武器になるかもしれません。

大学を卒業したとき、彼は、海外で勝負したいという思いをもって修業先を決めました。明確な目標があったからこそ、日本にあったイタリアのトップレストランを選び、そのおかげで、今イタリアでもっとも注目されているシェフのひとり、エンリコ・クリッパ氏とも出会うことができたのです。

将来のビジョンをきちんと描いて働く場所を選ぶのか、たんに仕事があるからというレベルで働き始めてしまうのか。これが分かれ道になります。たとえ同じ期間働いたとしても、身につけられるスキルはもちろん、人とのつながりにおいても、得られるものに大きな差が生まれてしまうからです。

自分は将来何がしたくて、だからこそ今どこで働くべきかを逆算して考える。これはシェフに限った話ではなく、ビジネスパーソンにとっても重要な話だと思います。

日本人として初めて、
スペインでミシュラン一つ星を獲得

「『アク』を持って生きよう、ナチュラルでいよう」

スペイン　コイシュンカ

松久秀樹　シェフ

Hideki Matsuhisa / koy shunka

1972年、愛知県生まれ。幼少の頃より、父が経営する寿司屋を手伝い、19歳からは東京で修業。1997年、留学を機にスペインへと渡り、バルセロナの日本料理店で修業。2001年に和食店「旬香」、2008年には、より創作的な2号店「koy shunka」を開店。2012年、スペインでは日本人初のミシュラン一つ星を獲得した。

原価60%！ 地元に溶け込める店をつくりたい

松久秀樹シェフは、バルセロナにある和食レストラン「コイシュンカ」のオーナーとして、2012年11月にスペインで日本人初となるミシュラン一つ星を獲得しました。スペインでの生活は、24歳のときにマラガへ留学したことから始まりました。たまたまお姉さんがスペインに住んでいたため、「海外に行きたかったというより、流れでこうなった」のだとか。

もともと実家が愛知県で寿司屋を営んでいて、15歳の頃から板前修業をしていました。スペインに渡った翌年にはバルセロナの日本料理店で働き始め、そこで3年間修業し、2001年6月に松久シェフと奥さん、お姉さんとその旦那さんを含む家族経営的な店として、1号店の「旬香」をオープンしました。

「日本人が店をやるなんて、なかなか理解されない時代だったので、地元に溶け込める店をつくりたいと思ったんです。だから、安いものを安くではなく、とにかくいいものを安く出そうと考えて、1000円で仕入れたものを1100円で出したり（笑）。とにかくお客さんの喜んでいる顔を見たい、お客さんを楽しませたいと思って、ここまでやってきました」

通常、レストランの食材の原価は25％程度、しかし旬香は下手をすれば60％ほど。バルセロナの和食店としては高級な部類に入る店が、さらに倍以上の原価をかけているわけですから、かなりいいものが出せる。いつしか評判の店になり、2号店として２００８年10月にコイシュンカをオープンさせました。

しかし、開店と同時にリーマンショックが起こります。金融、不動産、土木系など、店を支えてくれていたお客さんが、すべて消えてしまったのです。ここから3年半は、もし1号店の旬香がなければ、いつつぶれてもおかしくないような状態でした。

目は口ほどにものを言う

1号店の旬香は純粋な和食店ですが、コイシュンカはより創作的な和食を出すお店。フランスで最年少でミシュランの一つ星を獲得した松嶋啓介シェフのレストランで働いていた経験を持つ料理人を招き、彼がやってきたあとしばらくして、「ミシュランの星を取ろう！」と本格的にチャレンジを始めたのです。

いつも自分のまわりに、どういう仲間がいるかは重要です。

スペインでは、まだ日本人で星を取った人は誰もいなかったわけですから、普通なら無理だと思ってしまうところ。「頑張ったってうまくいかないよ」「星が取れるのは一部のヤツだけだよ」という人たちと仕事をしていては、実現することはできなかったでしょう。

「目は口ほどにものを言います。スタッフが楽しく働いているかそうでないかは、必ずお客さんに伝わります。だから、お店の雰囲気を一番大事にしていました。楽しんでいれば時間がたつのも早いし、いい料理が出せるのはしごく当然のことです」

言葉が通じない、お客さんが来ない……つらい状況に置かれると、ついそれが顔に出てしまうもの。だから、どんなに苦しいときにも、お店やスタッフの雰囲気だけは、いつも明るくしようと心がけていました。

遅くまで働くときも、残業しているという感覚で仕事をするのか、楽しんで仕事をするのか。気持ちしだいで、雰囲気はガラッと変わるのです。

さらにスタッフのモチベーションを保つために、こんな工夫も。

「やっぱりレストランはチーム運営ですから、メンバーにやる気を出してもらわなければいけません。コイシュンカの開店にあたり、私が旬香を出ることが決まったとき、責任者をひとり決めて、店の3分の1の権利を譲渡して経営を任せることにしました」

たんに「やっておいてね」と責任だけ渡すのではなく、この人だという人が見つかれば権利や利益まで渡す。そこまでやってしまうところに、成功の秘密があると感じました。

さて、店をオープンさせたものの、お客さんがいなくて暇で仕方なかったとき、ある出来事が起こりました。FCバルセロナのスポンサーでもある地元で人気のビール「エストレージャ・ダム」のコマーシャルに出演しないかという話が持ち上がったのです。

「バルセロナのトップ選手、セスク・ファブレガスが日本食が大好物で、声をかけてもらいました。撮影は10月に行われ、11月にはミシュランで一つ星を獲得。

翌年2月にコマーシャルが放送されると、お客さんも徐々に増えて店が軌道に乗りました」

言葉は、文法から学ばない

「言葉ができないと、現地の人とも交流ができないので、そこに住んでいる意味がありませんよね。何より、自分の気持ちが伝えられないのは気持ち悪いですから」

若い頃に留学を経験したことで語学もそこそこできるし、話すことが大好き。店のお客さんには地元の人が多いので、なんとかコミュニケーションをとりたいと考えて、語学の勉強についても、さまざまな工夫をしていました。

「ポイントは、文法から学ばないことですね。子どもがどうやって言葉を覚えるかって考えたら、最初は親が話している単語や、よく聞くフレーズをマネするわけじゃないですか。だから、みんながよく使っている言葉をメモすることから始めました。口論になったときに言い返したいから、ケンカ言葉を覚えたりもしましたね」

ヒアリングがなかなか上達しなかったので、一緒に飲みに行ったり、テレビや映画など同じものを繰り返し見たり。料理関係の興味のある言葉はもちろん、現地のユーモアなど楽しい言葉から、少しエッチな言葉まで。まず、そういう身近な言葉から集中して覚えることにしました。

日本人を忘れないこと、ずるさを持たないこと

「パナソニックやソニー、あるいは車メーカーなどが培ってきたブランドイメージも大きいと思います。安くて悪いではなくて、性能が高くて安心感がある。それが、日本人の信頼につながっていると思います」

スペインで評価を受けている日本人の強みは「信頼感」。また、多くのシェフたちと同じように、ロイヤリティが高いこと、人を裏切らないこともそう。もちろん、みんながみんなではありませんが、海外には人をだまそうとする人が多いのです。

「ヨーロッパでは、嘘を見抜く能力を持たなければ生きていけません。誰が本当のことを言っているんだろう、だまされないようにしようと、みんな考えています。そういう嘘が存在しない国であることも、日本が信頼を得ている大きな理由でしょうね」

私も外資系の会社で働いていたのでよくわかりますが、海外では、まだ仕事の途中なのにクリスマスだからといって帰ってしまう、というようなことがよくあります。日本なら、今日中に終わらせるべきことは、その日にやるというのが当たり前。私たちからすれば、こんなの普通でしょ、と感じることですら信頼につながるのですから、それを生かさない手はありません。

「大切なのは、日本人を忘れないこと。都合の悪いときだけ、スペイン人っぽくしたり、逆に日本人っぽくしたり。そういうずるさを持っている人は、海外ではうまくいかないと思います」

厳しい環境にいれば、当然、楽なほうに逃げたくなるもの。たとえば、スペインの労働時間は週40時間ですが、労働条件だけは現地の人と同じで、収入は日本と同じにしてほしい、中にはそんなことを言う人もいると聞きます。海外にいるからこそ、日本人の感覚を忘れずにやっていく、活躍するためにはそれが大切なのです。

「アク」を持って生きよう、ナチュラルでいよう

「日本にいたら、たくさんいる日本人のひとりになってしまいますが、海外にいると、ひとりの人間として評価される。大変なことですが、やりがいであり、メリットでもあります。また、外から見ることで、日本という国がすごくいい国だと思うようになりましたね」

最後に海外で仕事をするにあたって大事なことを2つ教えてくれました。まず1つ目は、〝アク〟を持って生きること。アクが強いというと、ネガティブなイメージがあるかもしれませんが、みんなと同じでは海外では活躍できません。そして2つ目に、ナチュラルでいること。

「かっこつけている人って、まわりから見たらかっこよくないですよね？　意識してかっこよくしようと思ったら、かっこいいことはできない。だから、いつもナチュラルでいようと心がけています」

私が2013年にコイシュンカを訪ねたときも、店内はスペイン人でほぼ満席。不況にあえぎ、失業率が高い国にあっても、ちゃんとやっているところには自然とお客さんが入るのでしょう。

海外に行って日本食を食べると、評判のお店でも全然おいしくなくてガッカリすることがありますが、さすがは「ヨーロッパで一番おいしい日本食」と言われるほどの店です。

もちろんスペインの食材を使っていますが、無理に現地に合わせているふうでもない。きっと、今でもかなり原価をかけているのだと思いますが、とにかく「だましていない」

感じを受けました。

「オーナーシェフは『二足のわらじ』を履かないとダメ。料理人であり経営者でなければならないんです」

とくに職人気質の料理人は、技術だけあればいいじゃないかという考えに陥りがち。しかし、オーナーシェフならば、料理の腕はもちろんのこと、お金についても考えなければならないし、人を使うわけですから人間関係だって大切。

インタビュー取材で話してくれたとおり、スタッフは楽しそうに働き、お客さんも楽しそうに食事をしている。その姿がとても印象的でした。

日本人オーナーシェフとして唯一、
フレンチでミシュラン三つ星

「まわりがやらないから やらないという発想は間違い」

日本　レストラン カンテサンス

岸田周三　シェフ

Shuzo Kishida / Restaurant Quintessence

1974年、愛知県生まれ。志摩観光ホテル「ラ・メール」、レストラン「カーエム」をへて、2000年に渡仏。フランス各地で修業後、2003年にパリの「アストランス」へ。翌年にはスーシェフに就任。帰国後の2006年「レストラン カンテサンス」をオープンし、2007年にミシュラン三つ星を獲得。2011年よりオーナーシェフとなる。

とりあえず行動してみる

現在、日本にあるレストランで、ミシュランで三つ星を獲得しているのは全部で28店（『ミシュランガイド 東京・横浜・湘南2014』『同関西2014』）、そのうちフレンチレストランはわずか2店だけ、そのうちのひとつが品川区の御殿山へ移転した「レストラン カンテサンス」。もうひとつは「フレンチの神様」ともいわれる「ジョエル・ロブションン」ですから、日本人オーナーシェフとして唯一、フレンチで三つ星に選ばれているのが、カンテサンスの岸田周三シェフなのです。

岸田シェフは、愛知県の専門学校を卒業したあと、三重県の賢島という小さな島にある志摩観光ホテルで働き始めました。仕事のかたわら、自分で本を取り寄せて、ほぼ独学でフレンチを勉強し直しました。

もっと勉強したい、基礎を学び直したい。そこで、休みを使って東京のお店を食べ歩き、出会ったのが銀座にある「カーエム」でした。食事に行った帰りにすぐ、働きたいとお願いしたそうです。

「そのときは空きがないと断られてしまいました。でも帰ってからも何度か電話をして、もうすぐ空きが出るからということで入れてもらったんです。その電話を切ってすぐに、会社に退職願いを出しました」

このエピソードからもわかるとおり、岸田シェフはとにかく行動力のある人。待っていたら何も始まらないし、自分が納得してやったことなら失敗しても自分のせい、人のせいにはしたくない。とりあえずトライしてみて、ダメならダメで何がダメだったのか考えればいいという人なのです。

「自分に何が足りないのかわからないんだったら、とりあえず行動してみるしかない。トライしないであきらめるよりいいし、失敗しても問題点が浮き彫りになります。『難しいな、無理だな』と思いつつも、やってみたら意外にできちゃったということも多いでしょう。電話を一本したり、お願いするだけなんて、ノーリスク・ハイリターンなんだから、やる価値はあると思うんです」

断られてしまっても別に失うものはないし、断られたとしても理由がわかって、次に活かせる。インタビュー中に、私は思わず「ナンパが得意な人と同じですね」と言ってしまいました。ナンパが苦手な人は、断られたら嫌だから声もかけません。でも、得意な人は断られることを何とも思わない、リスクとは考えないのです。ご本人は、ナンパをしたことはないそうですが、たしかに同じかもしれないと笑っていました。

まずは行動してみて、できなかったら失敗から学べばいい。その行動力と、人のせいにせず常に自分で責任を取る姿勢が、彼の持ち味だと思います。

キャリアを逆算して考える

もうひとつすごいところは、自分のキャリアを逆算して考えていたこと。志摩観光ホテルの料理長から、「30歳までにシェフにならなきゃ先はないよ」という話を聞いてからというもの、いつもそれを考えて行動していたそうです。

「30歳までに3年修業をするとして、27歳のときにはフランスに発ってなきゃいけないし、その1年くらい前には語学の勉強を始めなきゃいけない。当時もう25

歳だったので、これはまずいなと思って、慌てて語学を始めました」

すばらしいのは、もうこの時点からフランス語の勉強を始めていること。修業を見据えてNOVAに通い始めたのです。本書に登場するシェフの多くは、外国語を学ばずに現地修業に飛び込んでしまった人が多いのですが、みなさん「やっておけばよかった」とコメントしています。

「語学学校に行くのは休みの日なので、1週間に1回だけ。これだと前に勉強したことをすぐ忘れてしまって、復習に時間をとられてしまいます。そこで、フランスに行く2ヵ月前には仕事を辞めて、毎日通えるようにしたんです。計1年間ほど勉強していましたが、それまでの10ヵ月間よりも、この2ヵ月間がはるかに勉強になりました」

レストラン業界は忙しいのは当たり前ですから、海外に渡る最後の最後まで働いている人がほとんど。これほど計画的な人は、なかなかいないでしょう。

そして2000年、予定どおりにフランスへと渡りました。語学は周到に勉強していたのに、どこで働くかのあてはまったくなかったというから驚きです。

「辞めるときに同僚から、『どうせフランスで働いている知人を頼って行くんだろ』みたいなことを言われたので、誰とも連絡は取りませんでした。その日の泊まるホテルすら決まってないまま、チケットだけ買って、あとは本当に手ぶらで行きました」

当時はインターネットもそれほど発達していなかったので、一つ星・二つ星となるとほぼ情報がありません。フランスに着くと、まずはガイドブックにある星付きのレストランにあてて、次々と手紙を送りました。NOVAに通っていたときの先生にお願いをして、あらかじめ文面をつくっていたのです。一番大変だったのは、アパートを借りること。ビザがないので、若い子が雑魚寝するようなユースホステルに1ヵ月くらい滞在しながら、店探しを続けました。

「僕は今どき流行らない、古いタイプの入り方ですね」と言うとおり、現在では働く場所を斡旋してくれるサービスもあるので、こうした苦労をする人は少ないのでしょう。

「でも、そういう過程に意味があるのかもしれません。当時は全然いいとは思えませんでしたけど、のちのちその苦労がよかったかなと感じるようになりました。もちろん結果だけを求めれば、住むところも職も決めてから行ったほうが楽だけど、せっかくの苦労を飛ばしてしまいますよね。ふだんできないような経験ができたし、あのピンチを乗り越えることでメンタル的にも強くなれました」

なんでこんなに大変なんだろう、なんでこんなに面倒くさいんだろうということを、学びにできるかどうか。それは海外で活躍するうえで、必須の条件です。そして、ビストロやブラッスリーで働きながらも手紙を書き続けました。途中、いくつかの有名なレストランでも働きましたが、食材にも料理にも納得ができなかったのです。

こうしたこだわりも、海外で活躍できる条件のひとつ。そもそもの基準が高い、いわば「スーパー・ハイスタンダード」な考え方。自分のつくる料理はもちろん、普通の人なら納得してしまうところで、常に上を目指せるかどうかが重要なのです。

まわりがやらないからやらないという発想は間違い

そして2003年、「アストランス」に出会います。アストランスは現在、パリでもっとも予約が取りづらいといわれる三つ星レストラン。パスカル・バルボ氏がシェフを務め、素材の力を生かした料理の手法は、世界中から注目されています。

当時はまだ一つ星でしたが、自分の働いている三つ星レストランよりも、はるかにレベルが高いと感じました。そして、本書にも登場している、佐藤伸一シェフから紹介を受け、研修生としてようやく入れてもらうことができたのです。

その後、難関だったビザも取ってもらい、最後にはスーシェフまで務めることに。フランスに来てから2年あまり、ようやく自分の納得のできる店で働けるようになったことに、とても感激していました。

「フランスって本当にすごいのかな、意外とたいしたことないんじゃないかって、疑心暗鬼になっていたんです。でもアストランスで働いて、ああやっぱりすごい店はすごいんだとわかりました。それはスタッフもそう。フランスって、自分のことは自分でやりましょうという教え方をするんです。だから、すごくひどい人もいる一方で、とんでもない天才も生まれやすい環境だと感じました」

この話を聞いて、たとえ日本で認められていない人でも、海外に行くと活躍できるケースがたくさんあるのではないかと感じました。日本の教育は、人に使われる、言うことを聞くというところがベース。自分で考えてやりたい人にとってみれば、海外のほうがフィットすると思うのです。また日本と海外との違いは、他にもありました。それはいい意味でも悪い意味でも「空気を読まない」こと。

「まわりがやらないからやらないという発想は、そもそも間違っていると思ったんです。何をするにしても、最初に始める人は必ずいるし、そのひとり目はみんなと違うことをやったはずでしょう。そして、正しければそれがいつしか常識になっていく。日本では、最初から常識ありきで考えてしまうけれど、それは違うんですね」

日本にずっといると、なかなかこうした発想を学ぶ機会はありません。そして人と違うことは怖くてできないと考えるようになって埋もれてしまう。海外に出ることのメリットのひとつは、岸田シェフのように「誰もやってなくてもやってみよう、チャレンジしてみよう」と考えられるようになること。そして、海外のカルチャーを学び、こうした思考法を持って帰れる人は強いし、たぶんどこでもうまくいくのです。

アストランスで学んだ「常識を疑う」こと

アストランスが、これまでのフランス料理の概念を崩した店であることは、本書でも繰り返し書いてきました。そのこだわりは、シェフのパスカルが語った「フランス料理とはなんだ?」という話にも表れています。

「フランスにはひとつの宗教と100のソースがある、イギリスには100の宗教とひとつのソースしかない」と言われるほど、フランス料理といえばソースが重要というのが常識。しかし、彼はズバッとこう言いました。

「ソースなんてあってもなくてもいい。だっておまえ、スープにソースをかけるか？　ソース＝フランス料理だとしたら、スープはフランス料理じゃないのか。そもそもの定義が間違っていないか、もうちょっと冷静に考えてみろ。肉にしてもサラダにしても、ソースがかかってなくてもおいしいものはおいしい。すべてのものにソースをかける必要なんかないし、ソースに頼りすぎると何を食べても同じ味がする」

スープにソースとは、かなり飛躍した話かもしれませんが、こうやって突き詰めて考えるところがすばらしいと思うのです。同じように料理をつくるときには必ず、なぜそれがおいしいのか、理由を突き詰めて考えるという岸田シェフ。

「このハンバーグがおいしい理由はなんだろう。熱々だったからなのか、ソースの濃度なのか、結果には必ず原因があるはずです。だから自分なりに解釈して、成功した理由を探る。その理由は、必ず別の何かに応用できるでしょう。逆においしくないなと感じたときにも、それがなぜなのかを考える。その問題を改善すれば、はるかにおいしい料理がつくれますから。まったくのゼロから新しい料理を生み出すのはすごく大変です。でも、今あるものを改善することは簡単だし、それをするだけではるかにいいものができるんです」

林基就ソムリエが、「自分の行動にすべて理由をつけろ」という話をしていましたが、まさにそれに通じるものがあります。単純に「おいしかったね」「まずかったね」で終わらず、ここまで徹底的に考えられるかどうか。それが上にいける人の条件なのです。

「日本の料理の世界には、シェフの言うことは絶対だという文化があります。フレンチとはこういうものだとか、肉の焼き方はこうだとか、決まりがはっきりしている。でも、フランスは下っ端の見習いでもシェフに意見を言うんです。僕も最初はびっくりしましたが、疑問を投げかけることでまったく新しい発想が生まれることに気づきました」

自分なりに検証して、もっと他のやり方があるんじゃないか、別の魅力が出せるんじゃないかと考える。日本にいたときもそうでしたが、ここまで料理について深く考えるようになったのは、フランスに行ってからのこと。

「たとえばよく、テレビの料理番組で『フランベをしてアルコールを飛ばす』と説明しているのを見ますが、その必要ってあるのかな、とか。フランベする理由は、アルコールが残っているとおいしくないからだといいますが、アルコールを飛ばせば当然香りも飛ぶはずで、そもそも入れる価値がないんじゃないか。それなら少量のいいお酒を飛ばさずに入れたほうが、はるかに効果があるんじゃないかななんて考えますね」

辻調理師学校の創設者・辻静雄氏を描いた『美味礼賛』（海老沢泰久／文藝春秋）という本の中に、こんなエピソードがあります。まだ日本にフランス料理がほとんどなかった1960年代、辻さんが現地の三つ星レストランを食べ歩いてみると、日本とは全然違うつくり方をしていることに気づいたそうです。日本では「本場フランスではこうやってつくっているのだ」と言っている大御所と呼ばれる人たちも、実はフランスに行ったことがなかった、というオチ。

「もちろん何十年もやってきた中で、結論としてこの方法を採用しているというなら、たしかに意味はあるでしょう。でも、本当に考えたのか。もしかしたら、誰かからこういうもんだって言われたからそうしているだけなんじゃないか、って思っちゃうんです」

今まで、常識やセオリーといわれていることにも疑問を持つ。疑問を持たないで料理をしていたら、それ以上のものはつくれないし、進化もない。万が一、間違ったことを教えられたとしても気づくことすらできません。世の中の常識には、「みんながそうやっている」という思い込みからつくられたものもあるでしょうから、疑うというのは、すごく大事なことだと思います。

言葉がわからなければ学ぶことはできない

シェフは職人の世界なので、仕事に関しては万国共通。言葉ができなくても、単語くらい聞き取れれば、今はこの作業をやらなくちゃいけないという予測はできるというのは、みなさん一様に言っている話。語学を勉強していた岸田シェフは、言葉でそれほど困ったことはありませんでしたが、言葉がわかるメリットは、もっと別のところにあると教えてくれました。

「仕事さえできれば言葉はいらないよ、って言う人がいるでしょう。もちろん働くことはいくらでもできるけれど、〝学ぶ〟ことはできないと思うんです」

パスカルとのやりとりにもあったように、フランス料理についての考え方を話したり、文化を学んだり。言葉ができるメリットは、料理の技術についてはもちろん、もっと広い意味での学びができたことにありました。

「フランスで何年やってましたといっても、ただ働いているだけじゃ意味がありません。そもそもお金を稼ぐだけなら、日本のほうがはるかに楽ですから。やっぱりコミュニケーションを取り続けないと、海外に行く意味はないですね」

フランス人はとくに議論をすることが好きで、疑問をぶつけると、それが正解かはともかく明確に答えてくれる。みな「俺はこう思う」という、自分の意見を持っていました。大切なのは、自分の意見に自信を持ち、自分なりに納得すること。とにかく何よりも最優先すべきは「納得」することなのです。

「納得したうえで行動して失敗したら、それって全部自分の責任じゃないですか。失敗しても反省して、次はこういうふうに改善していこうとなる。人からこうやってみろよと言われて失敗したら納得できないし、あいつのせいだというモヤモヤした気持ちが残ります。だから、選択するのは自分、自分で決めなければいけないということは常に考えています」

自分で責任を取りたいとか、何に対しても疑問を持つなんて、日本だったら少し変わり者扱いをされるかもしれません。もともと持っていた性格や資質が、フランスに行ったことで強固になり、よりよい形で昇華したのでしょう。彼がその後、ずば抜けた成果を出せている理由もここにある気がします。

日本人が苦手なのは、自信を持つこと

「仕事のスキルに関しては自信があったし、技術面で負けることはないと思っていました。日本の一線でやっている人は厳しさも段違いですし。もちろん、日本人はすごく丁寧だし、むちゃくちゃ細かくて几帳面。5センチ角に切ってと言われれば、定規で測ったように正確にオーダーを守ろうとします。でも、フランス人は『このほうがいいと思ったんで』と勝手に変えてしまう（笑）」

日本のように、上司から殴られたり怒鳴られたりすることがほとんどないフランスは、やはり緩いと岸田シェフはいいます。これまで厳しいところで修業をしてきたことが、自分の糧になっているのでしょう。また、先輩後輩という文化が薄い海外では、仕事を忠実にこなしてくれる人は、すごく重宝されます。つまり、日本人であること自体がすでにポテンシャルでありアドバンテージ。もちろん使い勝手がいいだけに、使われて終わってしまう危険性もあるのですが。そして、日本人が苦手なのは、何より自信を持つこと。

「頼りない人って、どんなに仕事ができても任せづらいんです。どんなに内心ドキドキしていてもポーカーフェイスで、堂々と『それ、僕できますからやらせてください!』って言えば、チャンスは必ず回ってきます。日本人は本場だからといって気後れして、チャンスさえもらえないことが多いので」

これは取材をしたほとんどのシェフが、異口同音に語っていたこと。もちろん彼も、フランスへ行ったばかりの頃は、なかなか自信が持てなかったそう。そのときに意識したのは「話し方」。これを聞いて、すごい人はこんなところまで考えているのかと驚いてしまいました。

「焦ると早口になってしまいますよね。そうすると印象が悪くなってしまうので、わざとゆっくりしゃべる努力をするんです。僕はアストランスに入って1年後くらいにスーシェフになりましたが、スタッフの信頼を勝ち取るには、誰よりも頑張ることと、技術的に負けないこと、あとは落ち着いて相手の目をちゃんと見て話すことですね」

たしかに、日本人にはこれができない人が多いと感じます。ちなみに、彼の部下のマネジメント方法は、みんなに相談をして、みんなで一緒に考えるというもの。たまに「ちょっとみんな時間あるかな？」とスタッフを集めては、「今の状況で、どんな改善点があると思う？」とたずねる。もちろん、あまり怒ったりはしませんでした。

「怒鳴ったり殴ったりというのは、モチベーションを下げてしまうので、すごく効率が悪いと思うんです。もともとスタッフのモチベーションが高いのが前提だとしたら、それもいいかもしれません。でも時代は変わってきているので、そうじゃない人も増えていますから」

スーシェフだった時代、シェフがいないときに、何ができるのかスタッフみんなで話し合ったことがありました。そこで決めた目標は「二つ星を取る」こと。言葉どおり、アストランスはその年二つ星となり、岸田シェフが辞めた次の年に三つ星を獲得したのです。

ただ待っているだけでは何も始まらない

「やれると思ったときに、そのタイミングというかチャンスをつかめる人間って、すごく少ないと思うんです」

フランス修業を終えたのは２００５年の12月31日。２００６年の１月１日には日本に帰って、２００６年5月には自らの店「レストラン　カンテサンス」をオープンさせ、翌年の11月にはミシュランで三つ星を獲得しました。

そろそろフランスから帰らなければと思い始めた頃、彼はレストランを手がけているいろいろな経営者にあててメールを送りました。そう、かつて修業時代に、働きたいと思ったレストランに手紙を送ったように。

「自分のプロフィールに加えて、これからこういうレストランをしたいと思っていますと書きました。するとけっこう反応があって、その中で、僕がどうしても譲れないいくつかの条件を理解してくれる人が見つかったので、日本に帰ることを決めました。やっぱり自分から行動を起こさないと、ただ待っているだけでは何も始まらなかったと思いますね」

メールを送るだけという簡単なことが、普通の人にはなかなかできません。でも、みんながやらないからといって自分もやらないのはおかしいというのが彼のスタンス。こだわりもあるし、時間はかかると思っていたけれど、やってみたら意外に簡単に決まってしまった。こういうちょっとした行動をできるかできないかで、チャンスをつかめるかどうかは、大きく変わるのでしょう。

「すべてのものに対してノーと言うのって、すごく簡単じゃないですか。何事も手を出さなければリスクはないですけど、それじゃあ何も始まらないし、何もできないで終わってしまいます。もちろんなんでもかんでも手を出す人っていうのは、危なっかしくてしょうがないんですが、ここは乗らなきゃって思ったときには、手を出さなきゃいけない。それは、すごく意識しています」

岸田シェフには、店の広さや席数まで「こういうレストランをやりたい」という、ものすごく明確なイメージがありました。内装はもちろん、動線まで自分で考えて、設計にも一から携わる。もともとこうした経営者思考を持っていたことは、次のコメントからもよくわかります。

「自分が従業員として働いているときにも、いろいろ疑問があって、こうしたほうがいいと思ったことや、本当に必要なのかなということをメモしていました。自分が店を出すときにはこうしようって」

正しいことをやった人しか成功できない

「人がやっていなくても、自分がいいと思うことをやろう」という考え方は、現在のカンテサンスのメニューにも表れています。この店のメニューは「カルト・ブランシュ」、つまり白紙で、毎日ベストだと思う料理を出す「おまかせ」スタイル。いろいろなメニューがあると、それぞれ仕込みをしなければならないしロスも出る、結果としてベストなものが提供できないという判断です。

「食材の旬にこだわればこだわるほど、メニューの選択肢は狭くなります。食材が余っているからといって、自分にとってベストでないものを仕方なく売るというのはおかしい。僕にメニューを選ばせてくれたら、完璧に予約の人数分だけを注文して売り切って、冷蔵庫が空っぽになって1日を終わらせることができます。そのほうがお客様にとっても、自分にとってもいいと思うんです」

始めた当初は「フランス料理はそういう世界じゃない」という風当たりも強く、理解してもらうのは大変でした。和食や寿司屋には「おまかせ」という文化があります。今でこそ増えてきていますが、それまで日本のフレンチでは、ほとんどなかったからです。

オープン当時、カンテサンスのコースは1万5000円。1万円がボーダーといわれる中で、かなり高めの設定だったこともあって、「メニューをもう1本増やしたほうがいいんじゃないの」などと言われたことも、一度や二度ではありませんでした。それでも、スタイルを変えず、雑誌やメディアなどで意図を説明し続けた結果、オープンして7年ほどたった現在、ようやく浸透してきたそうです。

「正しいことをやった人しか、成功なんかできるわけがないと思っていました。

みんなより頑張っておいしい料理をつくるとか、センスのいい盛りつけをするとか、ソフトの部分には限界があります。みんなと差をつけなきゃいけないのに、みんなと同じことをやっているというのは、そもそも矛盾していると思うんです」

うまくいっている店の共通点は、マネをしたり流行りに合わせるのではなく、自分が一番いいと思ったことを貫き通すこと。岸田シェフが言うように、一度失敗してもそこから学べばいいし、そもそもやってみないとわからないこともあります。彼はフランスで学んだ強いポリシーを持っていました。それは、「まあまあいいね」じゃなくて「一番いいね」と言われたいというもの、「0か1か」と言ってもいいかもしれません。

「半分の人は絶賛するけれど、残りの半分は全然好きじゃないという賛否両論ある店と、みんながまあまあだという及第点の店だったら、前者のほうがはるかに強みがあります。サービス業の評価として、『まあまあよかった』は『二度と行かない』と同じ。たくさんの選択肢があるなかで再訪してもらうには、何か感動がなければいけません。それを感じてくれるお客さんを、何人つかまえられるかが重要だと思うんです」

3年連続ミシュラン三つ星、
「ワールド50レストラン」日本料理最高位

「もっとあるだろう、
もっとあるだろうと思う」

日本　日本料理 龍吟

山本征治 シェフ

Seiji Yamamoto / Nihonryori RyuGin

1970年、香川県生まれ。日本料理は日本人が世界に発信することのできる本物のひとつである、という決意のもと、2003年、東京・六本木に「日本料理　龍吟」を開店。2011年『ミシュランガイド 東京・横浜・湘南2012』以来、3年連続で三つ星を獲得。世界各国から、外国人研修生を積極的に受け入れている。

若い外国の料理人を受け入れる研修制度

ミシュランで3年連続三つ星を獲得し、サンペレグリノの「ザ・ワールド50ベスト・レストラン２０１３」では日本料理で最高の22位、同アジア版では第2位に選ばれているのが、「日本料理 龍吟」の山本征治シェフ。徳島の老舗料亭「青柳」で10年間、日本料理の伝統や技術を学び、２００３年、六本木に龍吟をオープンさせました。

龍吟の面白いところは、ホームページに英文の問い合わせフォームを用意していて、２～３ヵ月単位で、外国人の若い研修生を受け入れていること。問い合わせは年間で２００件以上、店が開いている日はほぼ毎日のようにメールが来るほどで、その人数も年々増えています。

フランスやイタリア、スペインなど海外では、こうしたシステムはかなりメジャー。ビザがなくても3ヵ月は滞在できるので、仕み込みで修業をする「スタジエ（研修生）」という制度があって、50人くらいが働いている有名レストランでも正社員は数人だけで、あとは研修生ということもあるほど。ただ日本には、こうしたシステムを確立している店はほとんどありません。

「今はオーストラリアが多くて、イタリア、スペイン、アメリカ、シンガポールに、メキシコやブラジルの子もいますね。スカイプでの面接で厳しいという話も伝えるんですが、それでも来るくらいなので、みんな本当に真面目で毎日休まずにやってくれます。もちろん言葉の問題はありますが、料理人同士なので、なんとかなるものです」

こうした高い目的意識は、日本人が海外に修業に行くときにも見習わなければいけないこと。お客さん気分でいたら、きっと邪魔になるだけでうまくはいかないのです。日本人が海外に行くと、働くところはもちろん、住むところを探すのも一苦労。しかし、龍吟では研修生のために寮を用意していて、食事の面倒もみています。ともすれば労働力の搾取にもなりかねないところ、きちんとした受け入れ体制をつくっているのは、すばらしいと思います。

「日本人の料理人は、イタリアやフランス、スペインなど、ヨーロッパの各国で受け入れてもらっていますよね。向こうで勉強したことを持ち帰ることで、これだけ日本の料理界が発展してきたわけです。日本人が今までお世話になったんだから、われわれがそれと同じことをできないのは恥ずかしい。今は日本料理に注目が集まっていますから、海外に媚びることなく、日本料理はこういうものだっていうのをしっかり教えたいんです」

面接をしたり、寮をつくったり、大変なことばかりですから、やろうと思ってもなかなかできるものではありません。海外からやってきた料理人たちは修業を終えると、有名シェフになるべく、再び世界中に散らばっていきます。龍吟の研修制度は、ある意味で、世界の料理のレベルアップに貢献しているといってもいいでしょう。

世界中から料理人が集まる学会での衝撃

自身に海外での修業経験があるわけではないのに、なぜこんな制度を、と疑問に思うかもしません。こうした使命感を持つに至ったのは、2004年にスペインのサン・セバスチャンで行われている「世界料理学会（ガストロノミカ）」に参加したことがきっかけでした。そのときに、スタジエというシステムがあることを聞き、自分たちも何かできないかと考え始めたのだそうです。

料理に学会があるのかと驚いた方もいるでしょう。これは、医者が行ういわゆる医学会と同じように、世界中の料理人が集まり、自分が見つけた新しい調理法や料理についての考え方を発表するもの。推薦を受けて参加した山本シェフでしたが、当時、海外に行ったのは2回しかありませんでした。

「パスポートは真っ白だし、言葉もまったくしゃべれないし、宿泊先もわからない。向こうのスタッフが迎えにきてくれているのに、空港で止められて、裏で荷物を全部開けられてしまったんです。デモンストレーションに使う包丁も入っていたし、他にも葛粉とか調味料なんて、全部あやしい粉扱いですよ（笑）」

このレベルでも学会に行ってしまうというのが、すごいところ。物怖じしないところもそうだし、普通の人とは少し感覚が違うと感心してしまいます。

学会に行って驚いたのは、ヨーロッパでは料理人のステータスが高く、みんながスターだったこと。そもそも日本料理の世界には、学会はおろか、フランス料理やソムリエの世界にあるコンクール的なものすらほとんどありません。とにかく人前で料理について話したり、腕前を披露したりできること自体がうれしかったのです。

「終わったあとには、もう日本の料理人は全員、店を休んででも3日間スペインに行く価値はあるんじゃないかと思いました。技術はもちろん、何より感動したのは若いシェフたちの意識。ステージの上で理路整然と自分の思いを伝えられる。ああいう姿を見たら、絶対に何かが変わると思うんです」

「なぜ」を突き詰めて考える

学会に参加したことで大きな衝撃を受けるとともに、料理についてのひとつの心理にたどり着きます。高いレベルに触れて、自分にはまだ足りないものがあると考えられること、井の中の蛙にならず、受けた刺激に即反応できる柔軟性を持っていることも、彼のユニークなところです。

「料理でもなんでもそうですが、自分の考え方をしっかり見いだしてつくり上げていかなければ、結果は残せないということを、海外に行って学びました。それから『〝なぜ〟に答えられないことはやめよう』って決めたんです。何かをする場合には、すべてにおいて理由があるし、理由があるからこうしてるんだと言えなければダメだ、と」

なぜこのタイミングで食材を入れるのか、なぜこの大きさに切るのか。もちろん料理のテクニックだけではなく、お刺身につける醤油の量に至るまで、なぜかを説明できるようにする。そうした「なぜ」を突き詰めていくことで、日本人そして日本料理というものが見えてくる。

「日本料理って、今まであまりオリジナリティを問われたことがなかったんです。日本の教育システムもそうですが、個性を出せという教えは受けませんよね。でも向こうの人は、『なぜ』を問うわけです。唯一無二でありたいという思いがすごく強いから、アーティストやクリエイターも育つ。そういう違いが、料理の世界にも影響していると思ったんです」

「すべての理由を説明できるようにしろ」「考えろ」というのは、カンテサンスの岸田周三シェフやオステリア・フランチェスカーナの徳吉洋二シェフ、ダル ペスカトーレの林基就ソムリエが言っていたこととも重なります。海外では当たり前の発想ですが、とかく日本料理の世界において、こうした考えを持っている料理人はかなり異色でしょう。

「日本料理って『なんでこうするんですか』って聞かれたときに、『うるさい、黙って俺の言うことを聞け！』みたいな風潮があるじゃないですか。でも『なぜ』を説明できないということは、結局、自分自身も理解できていないということ。『なぜ』に答えられてこそ、初めて人に教えることができると思うんです」

龍吟で働いている外国人の研修生は、炭火で肉を焼くとき、芯の温度を測っていて、「昨日と今日で2度違うのはなぜなのか」と聞いてくるそうです。もし日本料理店で修業中にそんなことをしたら、おそらく怒鳴りつけられることでしょう。

そこで、「昨日の肉と今日の肉では状態が違うから、温度は異なっていてもいい」という説明ができてこそ本物の仕事で、理由を答えられないとしたら、それは考えていないから。「そういうものだから」とか「言われたからやりました」といって思考を止めていたら、それ以上のものはつくれないのです。

「料理って、『理《ことわり》を料《はか》る』って書きますよね。ですから、料理には必ず理由がなくてはいけなくて、なんとなくつくるのは料理ではないんです」

日本料理を世界の共通言語に

日本人シェフの活躍とともに、今、和食の要素は世界中から注目されています。その理由のひとつにあげられるのは、日本の料理には「うま味」という味覚があること。これは甘味、酸味、塩味、苦味に続く五番目の味覚で、日本独特のもの。

また四季の感覚や彩り、繊細さ、先付に始まる料理の流れや、小皿など器が多彩なのも特徴です。

そうした日本料理のすばらしさを説明するときに、山本シェフがよくする話がとても興味深かったので、ここで紹介しましょう。それは「キュウリが一本あります。これって料理ですか？」というもの。キュウリそのままならば、もちろん素材ですが、ポキッと半分に折って渡したら……。その答えは2つある、というのです。

「ただ半分に折って渡しただけだったら、まだそのキュウリは素材かもしれません。でも、それが採れたてで、水滴が垂れるほどみずみずしくて、調理するより折ってかじって食べたほうがおいしさが伝わるとしたら料理になる。伝えるのはすごく難しいけれど、これこそ日本料理。その精神があるから、ここまで来れたんじゃないかって思うんです」

やっていることは同じなのに、料理か料理でないかが変わる。なんとも哲学的な話ですが、日本料理というのは、そうした精神性をまとっているものだという話でした。こうした考えにたどり着いたのは、ここ数年のこと。店を出して数年間は「料理とは、クリエイティブを表現するものだ」と信じていて、海外のテクニックを日本料理にアレンジすれば面白いのではないかと考えていました。

「考えていたというか、やりすぎていたくらい（笑）。でも今はそんなふうには思っていません。外国からの研修生が〝本物〟を探しにきているのに、僕がそれをやったら意味がないでしょう。最終的な目標としては、『山本さんの日本料理ってておいしいよね』とか『龍吟に来てよかった』っていうよりも、『日本って豊かだなと感じました』って言ってもらえるような料理屋を目指したいんです」

香港や台湾など、アジアへも進出している龍吟が今、掲げている目標は「日本料理を世界の共通言語に」。これは、けっして日本料理という言葉を広めたいわけではなく、日本人が持っている感覚や精神を伝えたいということ。

フレンチの基本がソースにあるように、海外は何かを加えることで味を出す「足し算」の料理。一方、日本料理はダシなどでうま味を引き出す「引き算」の料理といわれます。両者の違いを、こんなふうにたとえてくれました。

「粘土細工でマリア像をつくるのと、一本の木から観音様を彫り出す。どちらも同じ神様なんですが、日本料理はやっぱりピュアな部分を削り出す後者の精神になると思います。たとえば、お刺身っていう料理をつくるんじゃなくて、魚の中にもともとあるものをどうやって取り出して伝えていくか。そこによさがあると思うんですね」

「盗んで覚えろ」は怠慢

料理学校を出たあと、山本シェフは地元香川の料理屋で働き、22歳で徳島の老舗料亭、青柳に入りました。そこでの修業は、かなりの覚悟を決めていかないと耐えられない、まさに丁稚奉公。もちろん時代もあったのでしょうが、「もし今、自分の店でこれをやったら、うちの子たちは続くかな……」と話すほど、厳しいものでした。

もちろん技術は「盗んで覚えろ」が当たり前の世界。しかし現在、龍吟ではそうした教え方はしていません。何より「盗んで覚えろ」は上の怠慢だというのです。

「今は逆に、どれだけわかりやすい言葉で理路整然と教えられるかということのほうが大事だと思っています。まずそもそも、盗んでいる時間がもったいない。しかも『盗んで覚えろ』と言う人に限って、そのとおりにすると『何を盗んでるんだ』と言う（笑）。じっと見ていたら怒られるし、覚えたくても覚えられない。『盗んで覚えろ』というのは、きっと教えるのが面倒くさいとか、早く教えてしまうと自分の立場がなくなるとか、そういう下心をかっこよく言い換えた言葉なんでしょう」

修業している当時から、悪しき慣習に毒されていなかったというのは、常識を疑いながら生きてきた証拠です。日本料理の常識を「本当にそれは正しいのか？」と疑って、間違っていると思ったら変えていく。やはり自分をしっかり持っているのです。

若い人たちにはどんどん教えてあげたい。その想いは、今や自分の店の料理人だけにとどまりません。驚くことに、「TOKYOGASTRONOMY」という名前で、料理をつくる詳細な手順をYouTubeに投稿して、広く技術を公開することまでしています。これは一見の価値あり、です。

龍吟＝チームの力

「自分がやりたかった店ができているのも、チームのスタッフが支えてくれている部分が大きいんです。龍吟＝チームの力であり、僕ひとりでは絶対できません。スタッフが成長してくれるからこそ、僕はどんどん教えるんです」

ジョエル・ロブション氏も、須賀洋介シェフをはじめ5人でチームを組んで世界中に店を立ち上げていましたが、それと同じように、龍吟もひとつの店がチームになっているのです。料理人の世界は、職人というワントップの下に弟子というのが基本ですから、なかなかそうした発想にはなりません。

盗んで覚えろから、理路整然と教えてあげることで、チームをつくる。そしてシナジーが生まれて、より高いレベルの仕事ができることにつながっているのですから、とてもクレバーな思考です。最初に店を始めたときは、あまり深く考える時間も余裕もなかったそうですが、今はスタッフ、そしてチームの成長を何より重視しています。

「働くチームの環境をつくっていくのは、僕にしかできないことですよね。でも、ニンジンをむくのは僕じゃなくてもできます。はっきり言って、あと何年現役でいられて、どれだけのおいしいものを残せるかな、とも思うわけで。もちろん、ニンジンをむいてくれる人がいてくれるおかげで、今自分がシェフでいられることを忘れてしまってはいけませんが、そのバランスをうまくとるのも、すごく大事なんです」

最初はニンジンの皮をむくのも、大根を刻むのも自分。でも、今はそれをやってくれる人がいるから、学会に行ったり、別のことができるようになった。そもそも、英語でバンバン電話がかかってきたり、研修生とスカイプで面接をしたり、キッチンでメニューを考えたり、自分ひとりだけでお店を回すのは不可能なのです。

現場で一緒になってニンジンの皮をむいてあげるのがいいリーダーではありません。上に立つ人には、上に立つ人なりのやるべき仕事があるのです。

「日本料理をやっている日本人として、何ができるのかを考えなければいけないんじゃないか、もうそういう立場だといわれても否定できないでしょう。僕は今こんなことをやっています、これはいかがでしょうという提案が世界にできないとしたら、さぼっているんじゃないか。そうやって自分を追い込んでいます」

ミシュランで三つ星を取り、ワールド50レストランにも選ばれたことで、学会や料理の大会に出かけることも多くなり、各国のスターシェフと会うことも増えました。他のシェフたちみんながやっていて、自分がやってないというのは許されない。

レベルの高い人の中で揉まれると、やはりこうしたいい意味でのピアプレッシャーが生まれるのです。日本文化を世界に伝えたいというその姿勢には、もはや料理人の域を超えた本気を感じました。

もっとあるだろう、もっとあるだろうと思う

料理以外のことにほとんど興味がなく、修業時代には、日本料理だけではなくあらゆる料理の本を買ってきて、研究したり情報を集めたり。自分を一日中、料理のことを考えている「料理オタク」だという山本シェフ。ワインブームになったときには、これからは日本料理の世界にもその波が来ると、ソムリエの資格まで取りにいったそうです。

「自分が独立をしたらソムリエを雇わないといけないだろうし、給料もたぶん高いだろうし。たとえば、こんなワインがいいんじゃないかって思っても、わかってなかったらスタッフにバカにされるんじゃないかって（笑）。『資格ぐらい、俺でも持ってるよ』って言いたいがために取ったんです。なんかそういう性格なんですよね」

資格を取ったのは、まだ青柳にいる頃の話。寝る時間もないくらい忙しく、どんなに暇がない状況でも、やってしまうのがすごいところ。うまくいっている人たちの多くは、目先だけを見ていません。先を見て、時間を投資するのです。

「今でもそうですけれど、もっとあるだろう、もっとあるだろうと思うだけですね。その『もっとあるだろう』の先にあるのは、自分だけの成長だったり自己満足ではなくて、お客様の幸せです。お客様の幸せがもっとあるだろう、もっとあるだろうと考えるから、自分たちはそれに対して、何ができるのかって考えるようになるわけですよね」

自分だけの成長を望んでしまうと、お客さんがハッピーになることはない。これが、若者たちに修業中に持っていてほしい意識だそう。

そして、若いときにやっておいたほうがいいのは「いろいろな経験を積むこと」。買い物でも、美術館でも動物園でも、彼女とのデートでも、自分がすてきだと思えれば何でもいい。どこかに出かけたり、何にでも興味を持つことだとも話してくれました。

「すてきだなと思うことには、そう思わせる何かがあるわけでしょう。そういう感覚を持つことって、すごく大事だと感じています。ありとあらゆるものの中に、いろんなヒントがある。だから毎日を、なんとなくボーッと過ごさないこと。感覚を豊かにしながら過ごすことで、自分が変わっていくと思うんです」

お医者さんが患者を癒すのと同じように、「おいしいものを食べたい病」の人を幸せにするのが料理人。同じ白衣を着ているものとして医者には負けたくない、と山本シェフ。

「日本が持っている世界に通用する〝本物〟って、いろいろあると思うんですが、その最たるものが日本料理なんじゃないかって勝手に思ってるんです。日本人が関われる本物、世界と戦える本物を僕らは職業としている。そういう意識を持っていたいですね」

世界で
活躍するために
必要な
34のスキル

本書に登場した15人のシェフやソムリエが、なぜ海外へと向かい、ミシュランの三つ星をはじめ、世界で高い評価を得るまでに至ったのか。ここまで、彼らの経験を通して、世界で活躍するためのノウハウや考え方を紹介してきました。

それぞれストーリーこそ違いますが、彼らが語ってくれたエピソードには、いくつもの共通点がありました。それこそが今、私たち日本人に必要なスキルだと感じています。

ここからは、本書のまとめとして、私が取材を通じてとくに重要だと感じたポイントを「思考法」「働き方」「行動法」「仕事選び」「リーダーシップ」の5つに分けて解説していきます。さらに「日本人の強み」についても、あらためて振り返ってみましょう。

世界で活躍するために必要な34のスキル

思考法

1 技術や知識よりも、哲学を学ぶ
2 上には上がいるという、高いスタンダードを持つ
3 突き詰めて考える
4 すべての行動に意味を持たせる
5 常識でもいったんゼロから考える
6 空気を読まずに、オリジナリティを持つ
7 賛否両論でＯＫ
8 目先にとらわれず、自分を信じる
9 他人に言われないと動かない人になるか、自分で動くか
10 弱みでなく強みを伸ばす

働き方

リーダーシップ

日本人の強み

思考法

1 技術や知識よりも、哲学を学ぶ

本書に登場する多くの人たちが語ってくれたのは、現地に行って学んだのは、料理の技術やワインについての知識だけではないということ。もちろん技術や知識を学ぶことは大事ですが、それ以上に、そこで**働いているシェフやソムリエが持っている「哲学」を学ぶほうが重要**だということです。

極論すれば、料理の手順や技術は、本を読めばある程度わかってしまいます。それよりも、現地の一線で活躍しているシェフが、どういう考えを持って働いているのか、どういう考えを持って生きているのかをつかんでくることのほうがよっぽど大切。これは料理の世界だけではなく、スポーツやビジネスの世界にもいえることでしょう。

私も約20年前にアメリカの大学院に留学していましたが、のちに役立ったのは勉強したことではなく、海外で暮らす人たちの考え方や生き方、ライフスタイルといったものでした。

そういう仕事や人生に大きな影響を与える哲学を学べるかどうか。それは海外で活躍するうえではもちろん、日本に帰ってきてからも、お金では買えない大きな財産になると思います。

2 上には上がいるという、高いスタンダードを持つ

何かの世界において、仮に日本でトップレベルにいたとしても、上には上がいます。海外に出るということは、そういうレベルの人たちと勝負をするということですから、高いスタンダードを持たなければなりません。

本書に登場した人たちはみな、日本の中だけでトップになることに意味はないと考えていて、世界で活躍したいという思いで働いていました。そもそも目指すレベルが高いので、働き方も仕事に対する情熱も違います。ミシュランで三つ星を取ったら終わりかといえば、まったくそんなことはないわけです。

たとえば、上場することが目的になっている会社と、「いや、上場は通過点なんです」

と本気で思っている会社では、そのあとの成長はまったく違います。世の中には、上場したとたんすぐにダメになってしまう会社も多くありますが、それは高いスタンダードを持っていなかったから。上場した時点で、もう自分たちは成功したと思ってしまったからでしょう。

井の中の蛙にはならないという意識を持つこと、常に上には上がいるという事実に気づけることも、海外に出るメリットのひとつです。

3 突き詰めて考える

日本にいると、なんとなくまわりのみんなが理解をしてくれるから、あまり突き詰めて考えなくてもやっていくことができます。「これって常識だよね」というように、いい意味で、あうんの呼吸で渡っていけるところがあるでしょう。

しかし、海外はそうではありません。**海外のいいところは、「なんでこれをするんだろう」「このやり方は、どうしてうまくいっているんだろう」と、何事も突き詰めて考えること。**料理であれば、「なんでこの料理はおいしいのか」「なんでこの温度で調理をするのか」と考える。日本でもし修業中にこんなことを聞いたら、「うっとうしいやつだな」とか「そんなの常識だろう」といった答えが返ってくるようなことでも、わからないことがあればどんどん質問をします。

たとえば、日本では上司に「飛び込み営業をやれ」と言われたら、素直に「はい」と従ってしまう人が多いでしょう。本当なら、飛び込み営業なんて効率が悪いはずで、もっと他にいいやり方があるかもしれないのに、自分の頭で考えることをやめてしまうのです。

こうした素直さは、日本人のいいところでもあり、もう一歩上にいこうと思ったときに、大きく足りないところ。**「考えることをやめなければ絶対に成功する」とは、徳吉洋二シェフが、師匠のマッシモから学んだこと**ですが、海外で活躍するためには、突き詰めて考えることが絶対に必要だし、少し考え方を変えるだけで、違う新たな発想が生まれることにも気づけるでしょう。

一番怖いのは、仕事に追われるあまり、何も考えなくなってしまうこと。気づいたら、まったくダメなやり方を、ただ繰り返していたということにもなりかねません。それでは、成長することはないし、進化もできない。結果として、得られるものも少なくなってしまうのです。

4　すべての行動に意味を持たせる

龍吟の山本征治シェフが、こんな話をしてくれました。海外から受け入れている研修生は、肉を焼くときにいちいち芯の温度を測っていて、「なぜ、昨日と今日で温度が違うのか？」と聞いてくるのだそうです。

もし、普通の日本の店で同じことをしたら「そう決まっている」とか「当たり前だ」と言われるだけ。もしかすると、そんなことは考えなくていいと激怒されるかもしれません。

でも、外国の人からすれば、聞くほうが当たり前。なぜそうするのかわからなかったり、疑問に思うことがあったら必ず理由を聞く。もしかすると、それまで意味があると思ってやっていることが間違っているかもしれないし、実はもっといいやり方があるかもしれないのですから。

それは、調理方法についてだけではありません。なぜ「いらっしゃいませ」と言うのか、なぜこのタイミングでお皿を出すのか、おしぼりを出すのか……。自分の行動すべてに対して、意味を持たせることが大切です。

言われたからやるというのでは意味がありません。**仮に誰かから「これやっておいて」**

と言われても、自分の中でなぜやるのか、本当に必要なのかを考えてから動く。そうしないと、永遠に使われる側で終わってしまいます。

5 常識でもいったんゼロから考える

海外に出てみると、今まで日本でやってきたこと、当たり前だと思っていたことが、世界のスタンダードではないというのに気づかされます。常識に縛られる怖さも感じるし、一方でそれがトレーニングにもなると思うのです。

私もアメリカに留学しているときに、そういう経験をいくつもしました。たとえば日本では、アポを取ったら、時間どおりに待ち合わせ場所で相手が待っていて、すぐにミーティングが始まるのは当たり前だと思っているでしょう。でも海外では、行ったら誰もいないなんて日常茶飯事（笑）。ある意味で、これまでの価値観が崩れてしまうというか。

先ほど述べた「突き詰めて考える」にもつながることですが、徳吉洋二シェフは、師匠のマッシモからいつも「ペンサー、ペンサー、ペンサー（考えろ、考えろ、考えろ）」と言われていました。

また、岸田周三シェフはアストランス時代、シェフのパスカルから「ソースなんてなくてもいい」と言われたというエピソードを話してくれました。これまでの料理の常識から考えれば、ソースはフレンチの基本。そこで「本当にそうなの？」と突き詰めて考えたことによって、彼は新しい世界をつくり、三つ星の評価を得ました。そして時代は、新しい方向へ向かっていったのです。

それまでの常識をゼロから考え直すことで、新しい思考が生まれる。本当に正しいのか、間違っているのかを考えることによって、きっと1ランク上の行動がとれるようになるでしょう。

6 空気を読まずに、オリジナリティを持つ

空気を読めるというのは、日本人の優れているところです。でも、ここでいう「空気を読まない」は、少し違う意味。**周囲の人の反応を意識するなということではなく、海外では、向こうのやり方や常識に合わせすぎるなということ**です。

たとえば、フランスに料理の修業に行って、フランス人とまったく同じ料理をつくって

いたらどうでしょうか。おそらく、勝てるわけがありません。

そこで、自分のオリジナリティは何かと考える。それは真面目さかもしれないし、丁寧さかもしれない、正確に物事をこなせることかもしれません。つまり「日本人」だということ自体が、最大のオリジナリティというわけ。そうした長所を、もう一歩進めてみたらどうなんだ、と考えればいいのですから簡単でしょう。

「彼らもやっているから、自分もやろう」というように、同じことをするのが正しいという考えを少し変えてみると、海外では、とても仕事がしやすくなると思います。

たとえば、ロブション氏は日本の寿司屋のカウンターを研究して「ラトリエ ドゥ ジョエル・ロブション」をつくり、世界的な大ヒットを飛ばしました。これが、オリジナリティです。同じ分野のことばかりを勉強していたら、永遠にクラシックなフレンチのままで、こういう店が生まれることはなかったでしょう。

シェフたちに話を聞くと、当然のことながら、彼らはいろいろな店を回り、食べ歩きをしています。修業中の人はたいてい同業者のレストランを回りますが、トップクラスになるほど「もう同業は行きません」という人が多いもの。フレンチのシェフなら和食ばっかりとか、イタリアンをはじめ違う国の料理ばかりを回るとか。

同じものを見てマネをしているだけでは、新しいものは絶対に生まれません。オリジナリティを生む秘訣は、そこにあります。

7　賛否両論でOK

みんながみんな満足することはない、というのを肝に銘じること。誰もが「そこそこいいね」と言ってくれる状態は、海外で活躍するにあたっては弱すぎるのです。

ほとんどの人から「なんだこれ？」「ありえない！」と言われても、一部の人から熱狂的に愛してもらえれば評価されるし、それがオリジナリティにもつながります。ですから、賛否両論ある状態でも喜んで受け止めればいいし、反対意見や否定されることを恐れないことが大切でしょう。

海外では、日本のように、ほとんどひとつの民族しか住んでいないということはありません。アメリカはもともと多民族国家だし、ヨーロッパも他国と陸続きなうえ、移民をどんどん受け入れていますから、さまざまな文化が入り乱れている。人種も違うし、考え方も違う、すべての人を満足させるなんて、そもそも無理なこと。

賛否は常にあるものだし、新しいことをやれば、すぐに理解はされないかもしれません。

たとえ多くの人が否定的だとしても、自分が自信を持ってやっているのであれば、それでいいのです。

8 目先にとらわれず、自分を信じる

岸田周三シェフは、日本で自分の店をオープンしたとき、コースをおすすめの1種類だけに絞る「カルト・ブランシュ」を採用しました。

最初は、お客さんの多くから「もうひとつくらいコースをつくったら」と言われましたが、それが今では当たり前に。もともと「おまかせ」というのは、寿司や懐石料理の世界では普通にあったもので、まったく新しいものではありません。ただフレンチの世界にはなかった、というだけの話。

それが店にとってもお客さんにとってもプラスになると思ったから、信じてやった。岸田シェフはそう言います。最高の食材をムダなく、最高の料理として出したいという信念を実践したわけです。他の店が「7000円」「1万円」と、いくつかコースを用意しているからといって、それをマネする必要はないのですから。

「賛否両論でＯＫ」にも近いのですが、**何か新しいことを始めるときに、これまでに誰かがやっているかどうか、前例があるかないかなんて、気にする必要はありません。**

重要なのは前例ではなく、自分の中に自信を持ってできるだけのベースがあるかどうかです。自信も信念もないのに、ただこだわってやっても失敗するでしょうし、否定される覚悟もないのにオリジナリティを出そうというのは虫のいい話。でも、シンプルに自分が正しいと思うのなら、やればいい。

たとえうまくいかなかったとしても、あとは自分が責任を取ればいいだけの話なのですから。

9　他人に言われないと動かない人になるか、自分で動くか

以前『あたらしい働き方』（ダイヤモンド社）という本でも触れたことですが、海外で仕事をするうえで一番厳しいと感じるのは、誰も何も言ってくれないことです。海外の人は、一からやり方を教えてくれたり、「これをやっておいてね」なんてやさしく指示を出してくれることはまずありません。

自分の仕事は自分で見つけていかないと、たんなるワーカーとして扱われてしまいます。その代わり、**考えて動いて結果を残せば、どんどん任せてもらえるし、評価だってしてもらえる。**

大企業に所属していればまた別かもしれませんが、自らアクティブに動けない人は、海外で活躍することはかなり難しいでしょう。海外で勝負するということは、その時点でサバイバル。待っていては死んでしまうというわけです。

10 弱みでなく強みを伸ばす

海外で戦ううえでの日本人の弱みといえば、たとえばスポーツ選手なら体が小さいこと、料理人ならその土地の家庭料理を知らないとか、現地の味覚などちょっとした感覚がわからない、などがあげられるでしょう。言葉だって、現地の人の細かいニュアンスまで100パーセントわかるわけではありません。

そうしたマイナス面を直そうとしても、ものすごく時間がかかってしまうし、最終的に同じレベルまで追いつけるわけではない。だったら、自分の強みが何かを冷静に考えて、それを伸ばしていけばいいのです。

何度も言うように、日本人の強みといえば真面目さだったり、丁寧さだったり、仕事に対する集中力の高さだったり、情熱だったり。懐石料理を見てもわかるように、美的センスや四季に対する感覚が高いなど、いろいろな強みがあるでしょう。

海外に無理に合わせて弱みを直すのではなく、強みをあぶり出す。そして、そのいいところをどんどん押していくことです。

11 自分のブランドをつくれるか

海外で勝負をするということは、言ってみれば、ひとりの個人として勝負をしなければならないということです。「私は日本では、こんなところで働いていました」と言って名刺を出しても、「そんな会社知らないよ」となってしまうのがオチですから。

名刺とか肩書きではなく、自分はどういう人間で何かできるのか、強みは何かをわかりやすく表現できるようにしておかなければなりません。

自分の「ブランド」をつくると言ってもいいでしょう。相手にとって日本人は外国人ですから、名前だって覚えにくいし、顔もみんな同じように見える。「ブランド」がなければ知ってすらもらえないし、記憶にも残りません。

ブランドのつくり方は、評価される仕事をすることはもちろんですが、それだけではありません。たとえば松嶋啓介シェフは、みんなから覚えてもらうため、必ず帽子の裏側にアルファベットで「K」と書いていました。また、レストランをオープンしたときには、わざわざ自転車に乗って街をぶらぶらして顔を売ったりも。彼のように、自分というブランドを常に意識して、努力し続けなければならないのです。

これは、たとえ組織に属していても同じで、「僕は◯◯という会社の××です」ではなく、「××」という個人で勝負できることが絶対条件。

たんに星を取っただけで終わってしまうシェフもいれば、そのブランドを生かして世界展開のベースにできる人もいる。**まずは個の強みをつくること、そして強みにレバレッジをかければ、さらに成長することができるでしょう。**

12 自分の哲学を持つ

海外に出ていくにあたって、過去に成功した人の思考ややり方を学ぶのは大事です。もちろん、本書をはじめビジネス書を読んで影響を受けたり、ノウハウを身につけるのもいいでしょう。ただ、ひとつ間違ってほしくないことがあります。

この本を読んだら「このやり方、考え方でやってみよう」となったり、他の本を読んだら「こっちのほうがいいかも」と言ってみたり、**人の考え方ややり方ばかりに影響されて、ブレまくってしまうのは危険だということ。**

自分をしっかり持っていないのに、あっちに行ったりこっちに行ったり、ふらふらしているだけでは何も残りません。ビジネス書を読んで成果が上げられる人と、上げられない人の違いは、そこにあるのではないかと思います。

仕事でも、上司から「こうやったほうがいいよ」というアドバイスをされたら、もちろん素直に意見を聞いて、試してみるのは大事でしょう。ただ、自分の中で、どういう考えのもとに行動するのかという哲学がないと、ただの便利な人になってしまいます。

「自分はこうしたい」「こういう思いで仕事をしている」「こんな人生を送りたい」という

〝幹〟がない状態で、やり方やノウハウなど上辺だけをマネしても、いい方向にはいきません。そして結局、「あの本はダメだった」「あの人の言ったことは間違っている」と、人のせいにしてしまうのです。

13 前例があるのは喜ぶべきこと

誰かがチャレンジしているのを見たとき、人間には2種類の反応があると思います。いいなとか、すごいなと憧れをもって眺めるだけなのか、あの人ができるなら自分だってできるかもしれないと考えるか、そのどちらかです。

アメリカの第16代大統領、リンカーンがこんな言葉を残しています。

「誰かがすばらしい成功を収めたということは、他の人にも同じことができるという証明である」

そう、前例があるというのは、喜ぶべきことです。他人の成功をただ憧れて見ていても仕方ありません、あの人ができるなら自分もできると考えて、動き出せるかどうか。

たとえば、野茂英雄選手や中田英寿選手がいたからこそ、野球やサッカーの選手は海外で活躍できるようになりました。

そして、伊地知雅シェフが松嶋啓介シェフの店を見て、自分もフランスで店をやりたいと思ったように、山本征治シェフが海外のレストランを見て、研修生を受け入れようと思ったように……。

多くのシェフたちは、誰かに憧れるだけでなく刺激を受けて、それを行動に移していました。海外で活躍するシェフを紹介することで、料理の世界に限らず、次に続く若い人がたくさん出てきてほしい。まさに本書は、このリンカーンの言葉の実践です。

みんながやっているんだから、自分にもできる、そう思うきっかけになることを願っています。

働き方

14 使われるだけの便利な人になるか、表舞台に出られるか

少し前の世代の日本人には、悪く言えば、使われて終わるだけの便利な人が多かったのではないかと感じます。これは、料理人やビジネスパーソンだけでなく、他の業界全般を含めての話。

たとえば、iPhoneには、日本のメーカーがなければ成り立たないというくらい、多くの日本製の部品が使われています。すばらしい技術をたくさん持っていて、日本がiPhoneをつくったとしてもおかしくなかったのに、それができませんでした。

けっして電機メーカーを批判しているわけではありませんが、すばらしい技術があっても、それが表に見えてこない。縁の下の力持ちで終わってしまっているのが、すごく残念だと思うのです。

しかし今回、取材をして感じたのは、その流れが大きく変わりつつあるということ。と

くにヨーロッパのレストラン業界においては、ここ5年ほどの日本人シェフの活躍は目覚ましいものがありました。

便利なだけで終わってしまうのか、表舞台に立てるのか。それは**哲学やオリジナリティがあるか、主張することをはじめ、自分をしっかり持てるかどうかにかかっています。**

15 ファーストステージをどう過ごすかで人生が変わる

海外で活躍したいという人を見ていて、一番もったいないのは、働き方を間違えてしまうこと。**修業時代は、お金のために仕事をしているわけではなく、自分に力をつけるための時期であり、自分の財産をつくる働き方をするべきだということです。**

若い頃を、これからの長い人生のファーストステージととらえましょう。最初から楽をしようとか、仕事だけではなく遊びも充実させようなんて考えてしまうのは、間違いの始まり。それでは力もつかないし、セカンド、サードステージにつながる財産は残せないでしょう。

今回、取材をした人たち全員に共通していたのは、**ファーストステージは徹底的に働き**

まくっていたし、仕事のことだけを考えて生きてきたということ。さらにすごいことには、**まわりからすればどう考えても大変そうに見えるのに、みんな働くことが楽しくて楽しくて仕方なかったと言うのです。**

戦える武器が増える、自分が成長していることが実感できれば、もっと強くなりたいという意欲も湧いてくるもの。仕事が遊びになる、これを20代のうちに経験しておくべきだし、その短期間が勝負です。

どんな仕事をしていても、たんにこなすだけなのか、財産になる働き方をするのか、考えながら仕事をしていかなければなりません。そして、**「毎日、出勤するのが楽しみなんですよ」という状況を、いかにつくれるかが重要**です。

16　自信を持てる基礎をしっかりつくる

取材をしていて面白いと思ったのは、**誰もが口を揃えて「料理では負ける気がしなかった」と語ってくれたこと。**フランスやイタリア、スペインなど、自分が生まれた国でもないのに、自信を持ってこう言えるのは、すごいことだと思いませんか。

その自信があるからこそ、結果的に彼らは活躍できるのだろうし、修業を終えたあとも、いろいろなことにチャレンジできるのだと感じます。

徳吉洋二シェフは、前任者が辞めてしまったため、海外に行ってわずか1ヵ月ほどで「おまえ、明日からスーシェフやれよ」と言われたそうです。そこで、やったこともないのに「できます」と言えるのは、もちろん勢いもありますが、自信があるから。日本で修業していた時代に、その後の財産となる基礎をつくっていた証拠でしょう。

基礎も実力もないのに、ただ自信だけを持っていても、それはたんなる自信過剰。けっして、うまくはいかないでしょう。逆にいえば、基礎さえきちんと身につけていれば、それは自信、そして哲学にもつながっていくと思います。

17 人とのつながりをつくる、知ってもらう努力をする

ミシュランで星を取ったシェフと星を取っていないシェフ、あるいは世の中に知られているレストランと知られていないレストラン、うまくいっている経営者とうまくいっていない経営者……。それらを見比べたときに、何が違うのかと考えてみると、人とのつなが

りを持っているか持っていないかというところに行き着きます。

オープンして1年もたたないうちに星を取れるレストランもあれば、10年たっても取れないところもある。1年以内に星を取れるということは、誰かがその店を知っていたとか、誰かが紹介してくれない限り絶対に無理なことです。オープンしたことを知られなければ、どんなにすばらしい料理を出していても気づいてすらもらえません。

オープン前に自宅にジャーナリストを招待して料理を振る舞って感想を聞いたとか、オープンしてすぐ、知り合いづてにジャーナリストを連れてきてもらったとか、多くのシェフたちは、人とのつながりを持っていました。

ふだんから、知ってもらう努力をしていたからこそ、成功することができたのです。

料理人はひとりの職人ですが、職人だからといって、ただいいものをつくっていれば誰かが気づいてくれて、評価してもらえるかといえば大間違い。とくに**海外で勝負をするには、人とのつながりは、もっとも重要なファクターとなるでしょう。**

18　有名店で働いたではなく、そこで何をやったか

日本人の料理人の中には、「パリの○○で修業をしていました」という話を誇らしげにする人がいます。たしかに、有名店で働いていたというのは、ブランドのひとつになるでしょう。でも**本当に重要なのは、有名店で働いた経験ではなくて、そこで何をやってきたのかということです**。

実際は、たんに皿洗いをしていただけとか、名前だけで中身がなければ、まったく意味はありません。本書に登場するシェフやソムリエにも有名店で修業をした人は多くいますが、みなそこで一流の考え方や哲学を学んでいました。料理は一応覚えました、くらいで通用するほど甘い世界ではないのです。

これは、ビジネスパーソンにも等しくいえることです。たとえ、どれほど有名な大企業で働いていたとしても自慢にはなりません。その会社の中でどんなことを身につけ、どんな成果を残してきたか、それこそが重要なのです。

19 好奇心を強く持つ

海外で成功しているシェフたちはみな、とにかく好奇心が旺盛です。たとえば、佐藤伸一シェフは、パリのレストラン・アストランスで2年間働いたあと、ブルゴーニュのドメーヌでワインづくりを学びました。ソムリエを目指しているならまだしも、シェフの仕事を1年休んでまでそんなことをするなんて、普通ならありえないことです。

同じように、山本征治シェフも青柳での修業時代、寝る間を惜しんでソムリエの資格を取ったと話してくれました。また私の友人にも、ソムリエになりたいと海外に修業に行ったのに、ワインの知識や技術だけでは飽き足らず、醸造にまで手を広げた男がいます。

もちろん、**自分のファーストステージである、本業の修業をきちんとこなすのは当たり前。でも、その先はひとつの分野にとらわれずに、いろいろなことに興味を広げていくべきでしょう。**

一見すると、自分がやらなくてもいいことまでやってしまう。成長し続ける人には、必ずそうした好奇心やパワーがあります。

20 仕事を早くこなすトレーニングをしておく

私は学生時代、マクドナルドでアルバイトをしていました。マクドナルドは全国津々浦々にあるので、店舗によってお客さんの属性も違うし、めちゃくちゃ混んでいる店もあれば、それほどでもない店もあります。

バイトをしているうち、忙しい店で働いていた人と、そうでない人に違いがあることに気づきました。それほど忙しくない店で働いていた人は、早く動けないのです。

それに比べて、忙しい店で働いていた人は、スキルが異常に高い。接客から調理、店の掃除まで、それらを同時に素早くこなさなければならないので、さまざまな工夫をしていたし、いかに効率的に仕事をするかを考えていました。

自分のキャパシティを超える仕事をバンバンこなすトレーニングをしていた人と、していない人の間には、その後、圧倒的な差が生まれます。

ファーストステージでこうした訓練をしておかないと、セカンドステージ、サードステージになったときに効率的には動けないし、永遠に同じようなスピードでしか仕事ができなくなってしまいます。急に早く仕事をしろと言われても、訓練していなければ無理。

キャパシティ以上の仕事が降ってきたら、すぐに対応できなくなってしまうのです。料理人はもちろん、これはどんな仕事をする人にとっても大事なこと。運動でもそうですが、負荷をかけなければ筋肉はつかないし、上達することもありません。私はアルバイトで養われたこのスキルが、会社員になってからとても役立ったと思っています。

行動法

21 料理以上のものを得るために必要なのが言葉

本書に登場するシェフやソムリエは、あまり言葉を勉強しないまま海外に飛び込んでしまった人がほとんど。若くして海外に出ていったこともあって、「なんとかなるだろう」と考えていた人が多く、そのとおり、実際なんとかなってしまったというから驚きです。

しかし、しっかり準備をしていった人も、していかなかった人も、**全員が「言葉は学ぶべきだ」とアドバイスしています。**

実際にキッチンの中で仕事をこなすという面においては、言葉はそれほど重要ではありません。毎日まったく違う作業をするわけではないので、食材や調理法などよく使う単語だけを覚えてしまえば、仕事はできるわけです。

ただ、**多くのシェフたちは、言葉はたんに仕事を円滑にするためのものではなくて、〝それ以上のもの〟を身につけるために欠かせない**と言います。

それは、ここまで述べてきたように、シェフの哲学だったり、その国の文化やライフスタイルだったり、細かなニュアンスだったり。さらに多くのものを得たいと思ったら結局、言葉を学ぶしかないのです。

最近、サッカーの本田圭佑選手が、ACミランへの移籍インタビューにすべて英語で答えたことが話題になりました。数年間だけ修業をして日本に帰るならともかく、これから20年、30年海外で働くのであれば、たとえ1年間のキャリアを潰してでも、徹底的に勉強したほうがいい、そんな意見もありました。

私の住むハワイにも、10年以上住んでいるのに、英語が全然しゃべれない人がいます。仕事をこなすことはできるかもしれませんが、そこから出られないのは寂しいもの。言葉が話せないことでチャンスや可能性も狭まってしまうし、仕事にも人生にも広がりがなくなってしまうのは、とてももったいないと思います。

22 遠慮しない、謙遜しない、感情を抑えない

遠慮したり謙遜したり、相手のことを考えて柔軟な態度が取れるのは、日本人ならでは

のすばらしさ。でも海外では、あえて意識して変えなければなりません。

何かをやりたいと思ったら主張しなければいけないし、やり方が正しくないと思えば「こうしたい」と言わなければいけない。とにかく、感情を抑えないことが必要です。

嫌なことは嫌だと言わないと、みんなが面倒だと思う仕事ばかり回ってきて、雑用ばっかりやらされてしまう。きっと、使われるだけの便利な人になってしまうでしょう。

ひとつ注意してほしいのは、遠慮や謙遜をしないとか、主張をする、感情を抑えないというと、たんに文句を言ったり、感情的に怒るだけになってしまう人が多いこと。ふだんから感情を出すことに慣れていないから、耐えるだけ耐えて、最後の最後で爆発してしまったり。

何を頼まれても「嫌です」と言うのは、子どもがダダをこねているのと同じ。なぜ嫌なのか、なぜ気分がよくないか理由をつけて説明しないと、グチや文句の多い人で終わってしまいます。

感情を表に出す、主張するのと、ただ心で思っていることを口に出すのとは違うのです。

23 コミュニケーションはユーモアから

日本にいる外国人でも、やっぱりユーモアのある人は人気です。たとえば、デーブ・スペクターさん。彼のジョークやダジャレが面白いかどうかは置いておいて（笑）、すごく日本を研究していると感じます。

これも何人かのシェフが言っていたことですが、**ユーモアの本を読んだり、映画を観たり、地元の笑いを研究することは大切**。外国人が現地の面白いジョークを言えば印象にも残るし、多少言葉がヘタでも受け入れられる。笑いは、世界で通用する共通言語ですから、コミュニケーションにおいてユーモアは欠かせないのです。

ユーモアだけでなく、何か説明するときには、地元の人が興味あることに置き換えるのも効果的です。ヨーロッパなら、やっぱり鉄板はサッカーの話題で、うまくたとえに使って話をすると理解してもらいやすいのです。

たとえ言葉が上手にできなくても、こうした努力をすれば十分補えるはずです。

24 言葉ができなくてもあきらめない

どんなに日本で現地の言葉を勉強していっても、どうしても伝わらないという場面にぶつかることがあります。修業をしている大変な時期に、自分の思いをうまく伝えられないことは、たいへんなストレスにもなるでしょう。

そこで、言葉がヘタだから伝えられないといって黙り込んでしまう人が多いのですが、それでは何も解決しません。何か言いたいこと、表現したいことがあるのなら、辞書で調べてどう話すか予行演習しておくこともできます。それも難しければ、手紙に書いて渡したっていいでしょう。実際、徳吉洋二シェフは、何か意見を言うときには必ず前日から準備をして、紙に書いて渡していたといいます。

一番いけないのは、「言いたいことが伝わらないので、もういいです」とあきらめてしまうこと。単語や文法が間違っていたって伝わりさえすればいいのですから、工夫をして、どんな手でも使えばいいのです。

25 同じ土俵で勝負しない

「はじめに」の中で、なぜ日本が２０２０年の東京オリンピック招致を実現できたかを書きました。詳しくはそちらを読んでいただくとして、日本がイスタンブールやマドリードに勝てたのは、自分の土俵で勝負をしたから。海外に合わせるのではなく、日本のオリジナリティや強みをアピールすることで、ＩＯＣ委員の評価を得たのです。

これは、海外に出たときに、とても参考になる戦い方。**海外では、同じ土俵で勝負しないというのが鉄則なのです**。

たとえば、あなたがパリに旅行に行ったとして、フランス人がつくるのと同じような伝統的料理を出している日本人シェフのレストランに行くでしょうか。だったら現地のシェフの店に行くよ、となるのは当たり前でしょう。

同じ土俵で勝負をしても、差別化することはできません。さらに**重要なのは、「自分の土俵」とは何か考えること**。現地の人と比べて、自分の強みは何なのか。ふだんから、それを意識しておくことが大切です。

26 制約を楽しめるか

海外では、日本に比べて制約が多いのは当たり前。言葉も通じないし、料理人なら食材もまったく違うので、日本の調理方法が通用しないこともあるでしょう。

そこで、「食材が違うからできない」とか「みんながちゃんと動いてくれないからうまくいかない」と思ってしまったら終わり。制約があることを楽しめるか、足りないものを工夫して解決できるかどうかが問われます。

この間、ハワイで取材をした和食の職人さんが、こんな話をしてくれました。海外で店を開けば、日本の食材や調味料が手に入りづらいのはわかっていた。だから彼は、日本にいるときから、市販されているポピュラーな醤油に味を加えてアレンジした、オリジナルの醤油を使うようにしていたのだそう。だからハワイに来ても困ることは何もなかった、というのです。

中には「日本じゃないと無理だね」とあきらめてしまう人もいるでしょう。とくに和食の世界は厳しいので、市販されている醤油を使うわけにはいかない、とこだわりたくなるのもわかります。そこで「いやいや普通の醤油でいいんですよ。自分たちの味に変えればいいだけなので」と言って、制約を楽しめるかどうか。

若い頃から制約の中で過ごすことは、常に臨機応変に対応するトレーニングをしているのと同じこと。多少味が違ったとしても、「この野菜がない」「あの肉がない」と嘆くのではなく、今ある食材をどうやったらおいしくできるかを考える。そういう人は、どこに行っても強いし、その後の仕事の幅も広がっていくでしょう。

27 無理をしてでも社交の場に参加する

パーティなど社交の場が得意な人ももちろんいるでしょうが、言葉も違う海外となったらどうでしょうか。もともとそれほど得意でないうえ、ひとりだけで行かなければならないとなれば、ものすごく気が重くなるでしょう。

私がアメリカの大学に留学していたとき、学校の中にはパブがあって、そこへ行くと学生や先生たちとふれあうことができました。最初の頃は言葉もしゃべれないので、やっぱり気が進みません。でも、いざ行けば、いろいろな国の人と知り合うこともできたし、そこからまた別のパーティに誘ってもらったり、交友関係も広がっていきました。

無理して行くうち、だんだん場馴れして楽しめるようにもなったし、外国人がやってくるということ自体、面白がってもらえるので、できるだけ顔を出すようにしていました。言葉が苦手だからといって、部屋に閉じこもっていては、いつまでたっても永遠に上達することはありません。逆に、これもトレーニングだと思えれば、チャンスも広がっていくのです。

私を含め、みんながみんな社交の場が得意なわけではありません。石塚秀哉ソムリエは、**フランスに来たばかりの頃はそれこそ「戦場に行くつもり（笑）」で、無理してパーティに出かけていた**と話してくれました。

私が話した限りでは、フランス語もペラペラだし、明るくてユーモアもある。まさか、かつてそんな状態だったとは、とうてい思えないのですが（笑）。流暢に言葉を話して、海外の人たちとフレンドリーに接しているように見える人でも、こうした努力の時代があったのです。恐れることはありません。

仕事選び

28 あえて厳しい環境に身を置く

当たり前のことかもしれませんが、取材させてもらった人たちはみな、いいレストランで働きたいという意思が、すごく強いと感じました。

どこでもいいやという気持ちはまったくなくて、二つ星、できれば三つ星。それはネームバリューがあるからとか、キャリアになるからというだけではありません。**名門と呼ばれる店は、そこにいる人たちのレベルはもちろん、意識がすごく高いからでしょう。彼らから学ぶことも多いし、受ける影響も大きいのです。**

一方で、意識が低い人たちが集まっている組織で働いても、やはり同じようにまわりから影響を受けてしまいます。やる気がなかったり、ごまかしがまかりとおる中に、もし自分の身を置いてしまったら……。それは、デメリットでしかありません。

人間というのは、弱い生き物です。「いいよいいよ、こんなの適当で。帰って遊ぼうぜ」

という人たちに囲まれていたら、たとえどんなに強い意志を持っていたとしても、悪いほうに引きずられてしまう。意識が低い集団の中で孤軍奮闘しても、いいことはありません。**意識の高い人たちが集まっているところに行けば、自分よりもっと上の人間もいるということにも気づけます**。そして、もっと頑張ろうという気持ちが出てくるでしょう。

ただ有名なレストランで働けばいいとか、有名な企業に勤めればいいという話ではありません。まわりの人の意識、そしてレベルが高いなと思うところを選ぶ。あえて厳しい環境に身を置くことが、大切なのです。

本書に登場するシェフやソムリエはみな、なんとかして名門といわれる店に潜り込んでいました。「どうせ入れないよ」と言ってあきらめてしまっては、その時点で負け。電話をかけまくるとか、手紙を送るとか、工夫や努力をして修業の場を見つけたのです。彼らは、**入り込む時点で、すでに厳しい関門をくぐり抜けるトレーニングができていた**と言ってもいいでしょう。

29 逃げられないところへ自分を追い込む

私は今、トライアスロンをやっていますが、意志がそれほど強いわけではないので、なかなかひとりでは続けることができないだろうと思いました。そこでチームをつくって、やらざるをえない状況をつくる。そして、大会に申し込んで、もう逃げられない状態にしたのです。

そんなことまでしなくてもできる人は別にいいのでしょうが、多くの人はそうではありません。だから、あえて厳しい環境に自分を追い込むのです。

厳しい環境に身を置くこともそうですが、ポジションが人を育ててくれると思います。ほとんど経験がないのに、明日からナンバー2をやれと言われたり、店の立ち上げを任せると言われたり、多くのシェフたちが、海外でこうしたターニングポイントを迎えていました。

すごいと思ったのは、どんな難題を押しつけられても、みな「できます」と答えていたこと。そこで「自分には無理です」と言って断るか、不安はあっても「できます」と言うか。『働き方』でも書いたとおり、こうした主張や決意がなければ成長することはできません。

自分の実力では難しいだろうと遠慮していたら、いつまでもチャンスは回ってきません。そして、自らやらざるをえない状況をつくり、その壁を乗り越えることで成長していく。

もちろん、「できます」という言葉の根っこには、ファーストステージで誰よりも努力してきたという自信があります。そうした基礎がなければうまくはいかないし、そもそも任せられることもないでしょう。

30 逆算して、働くべき店・会社を考える

30歳のときにはシェフになっていたいとか、何年後に独立して店を持ちたいとか、三つ星が取りたいとか、あるいは会社をつくってビジネスを始めたいとか……。**自分がいつまでにどういう立場になっていたいか、スケジュールを立てて逆算して、何をすべきか考える。**多くの人たちが、こうした観点に立って働く店を選んでいるというのが、非常に面白いと思いました。

たとえば、佐藤伸一シェフがフレンチの修業をしたあとドメーヌでワインづくりを学び、

さらにもうひとつ看板がほしいからとスペインに渡ったのもそう。みな、やみくもに選んでいるのではなく、その後を見据えて動いていました。

逆算して、今やるべきことを考える。多くのシェフたちが語ってくれたこの発想は、普通の会社員が意外と気づいていないものだと思います。

料理人にとっては、レストランひとつが会社や企業のようなもの。シェフは収益の責任も取らなければいけないし、もちろん料理のクリエイティビティも大切、さらにオペレーションにまで気を配らなければなりません。ひとつの店自体が、スモールビジネスの集合体のようになっている。だからこそ、こうしたことに気づけるのかもしれません。

リーダーシップ

31 その土地のやり方に合わせたマネジメント

多くのシェフやソムリエたちが、20代前半に海外に出ているので、日本でマネジメントをした経験がある人はごく少数。私が驚いたのは、そうした経験がないのに、外国人の部下たちを上手に動かせていたことです。

なぜ、そんなことが可能なのでしょう。理由のひとつは、日本の料理界のマネジメントが、特殊だからではないかと思います。料理人の上下関係は、悪く言えば奴隷制度のようなもの。働いている当時、自分自身が疑問に感じていたのだから、それを海外に持ち込んでも絶対にうまくいかないと思うはず。つまり、日本式マネジメントを反面教師にするから、その反動でいいマネジメントができるのではないか、と。

もし日本で高いポジションにいて、マネジメントの経験があったら、もしかすると海外ではうまくいかなかったかもしれません。きっと、日本に染まりすぎていないのがよかったのでしょう。これまで私は、マネジメントは経験しないとできないものだと考えていましたが、彼らを見て、もしかするとそんなことはないのかもしれないと思うようになりました。

海外でマネジメントをするときに大事なのは、まずは、その土地のやり方に合わせること。日本でも、「最近の若いもんは、何もわかっていない」なんて言う上司がいますが、なんでもかんでも自分の価値観だけを押しつけてはうまくいかない、それと同じです。

しかも、もし海外で、日本のように怒鳴ったり殴ったりしたら、すぐに捕まってしまいます。とくにアメリカでは、恐怖心を味わわせるようなことを言ったり、そうした態度を見せたりするだけで、すぐに警察に通報されたり訴えられたりしてしまうのです。

国が違えば、考え方も、生き方や働き方だって違います。**違う価値観を認めることでマネジメントがしやすくなる。**人や土地に柔軟に合わせて、ベストなやり方を考えられるかどうかが問われます。

32 他人の三つ星と自分の店、人の使い方の違いを理解する

有名な三つ星レストランのシェフとして人を使うのと、独立した自分の店で人を使う。この2つは、同じようでいてまったく違います。会社員にたとえるなら、大企業で働いているときの部下と、自分が独立して会社をつくったときの部下への接し方は違う、と言ったらわかりやすいでしょうか。大企業という看板がなくなったときの仕事の仕方は、マネジメントにも大きな影響を与えるのです。

三つ星レストランで働く若い子たちは、有名店に身を置くことが第一だと考えているし、そこでスキルやノウハウを学ぼうと思っています。つまり彼らは辞めさせられたら困るわけですから、ある程度言うことを聞いてくれるので、マネジメントもしやすい。技術があればリスペクトされるので、多少無理な指示を出しても、シェフの言うことだったら従おうというふうになるでしょう。

それが独立して自分の店を持つと、それまであった三つ星の看板はなくなってしまいます。最初は、星なしとか一つ星ですから、意識がそれほど高くない若者も入ってくるでしょうし、少し気に入らないことがあれば、「他の店に行くから辞めます」ということに

なってしまう。

大きな会社ではなく、少人数のチームになるからこそ、人材の良し悪しがダイレクトに響いてくる。ここで**自分の立場が変わったことを理解してマネジメントできるかどうか。**とくに海外で自分の店や会社を興したいと思っている人は、頭に入れておくべきです。

33 リーダーがやるべき仕事とは何か

一緒にニンジンを切ったり、仕込みをする。一見やさしいようですが、これはリーダーの仕事ではありません。**リーダーがやるべきことは、みんなが働きやすい環境をつくってあげること、チーム全体の目標やビジョンを定めて進むべき方向性を示すこと。**また、新しいものを生み出すこともそうでしょう。

これを間違えてしまうと、とくに海外では舐められてしまいます。日本では、現場に出て一緒にやってあげることが美学ともなっていますが、海外では、リーダーは方向を示す人でなければいけないと考えるのが普通なのです。

海外のシェフは、オーケストラの指揮者のようなもの。現在、ヨーロッパの有名レストランは、料理はスーシェフが行い、シェフは経営方針やブランディングなどを手がけるという形が主流です。

個人的には、シェフ自らが料理をつくる日本の美学は正しいと思うし、食べる側としても、そのほうがいいとは思います。ただ、ビジネスととらえると、現場で料理をつくりながら店を成長させていけるかというと、なかなか難しいでしょう。

たとえば、世界的に有名なジョエル・ロブション氏は、現場に立たない典型的なプロデューサータイプのシェフ。松嶋啓介シェフや須賀洋介シェフも同じように、現場でずっと料理をつくり続けることだけが大事だとは思っていませんでした。

ヨーロッパでは、シェフが現場に立たないからこそ、日本人にチャンスがあるという見方もできるでしょう。シェフがいつまでも現場でガンガンやっていたら、若い日本人が出る幕はありません。一方、日本ではシェフが40歳、50歳になっても現場にいるので、若い人たちがなかなか出てこられないのです。

人によって向き、不向きもあるので、どちらが正しいかは、その人次第。場合によっては現場に出なくなったことで、店がガタガタになってしまうということも起こりうるので、自分のタイプを見極め、哲学にしたがって考えるべきだと思います。

日本人の強み

34 あらためて何が評価されているのか見つめる

海外の人が感じる日本人の強みについては、ここまで繰り返し述べてきたことですが、最後にもう一度、振り返ってみたいと思います。

オリンピック招致のプレゼンでもアピールされた、細かい気づかい、正確さ、丁寧さ、集中力、仕事に対するロイヤリティ、そして滝川クリステルさんが言った「おもてなし」の心。料理の世界でいえば、「うま味」という味覚を持っていることも見逃せません。

私は以前、北欧の人たちに話を聞き、新しい幸せについて考える『Less is more』（ダイヤモンド社）という本を書きました。**「Less is more（少ないことは、より豊かなことだ）」**という言葉は、世界三大建築家のひとり、ミース・ファン・デル・ローエの言葉です。彼の言う、ミニマムな中に美をつくれるというのも、実はもともと日本人が持っていたもの。

たとえば、世界中でヒットしたiPhoneなんて、いかにも古きよき日本的な発想だと思いませんか。削って削って、そぎ落とした中でいいものをつくる。スティーブ・ジョブズが禅の文化を好んだというのも、なんとなくわかる気がします。

こうした強みは、かつて日本人はナチュラルに持っていたはずですが、欧米に合わせすぎた結果、それを失ってしまいました。海外の人が絶対にマネできない、生まれ持ったオリジナリティを捨てて勝負しようと思っていたから、うまくいかなかったのです。しかし今は、逆に海外の人がそれを学び、興味を持ち始めています。

日本のいいところ、評価されているところをもう一度見つめ直しましょう。**海外で活躍するためには、何より日本人の強みを自分の中に取り込むことが必要です**。もちろん、海外でサバイブしていくためには、遠慮をしないとか、自己主張をするとか、変えていかなければならないこともたくさんあるでしょう。でも、全部が全部、無理に合わせる必要はないのです。

私もふだん海外に行って、いろんなものを見たり食べたりしていますが、現地の人と話をしてみると、意外と自分が日本のことを知らないと気づかされることがあります。とくにオリンピックの一件があってから、そうした思いはさらに強くなりました。

日本の地方を回って、文化や料理をあらためて見直してみる。そして海外にエッセンス

を伝えていく。もっと日本を見なければいけない、強く今、そう感じています。

イタリア

オステリア・フランチェスカーナ / Osteria Francescana
徳吉洋二シェフ
Via Stella 22, 41121 Modena, Italy ☎+39 059 210118

ダル ペスカトーレ / Ristorante dal Pescatore
林 基就ソムリエ
strada Canneto Fontanella, 15, 46013 Canneto sull'Oglio, Italy
☎+39 0376 723001

マニョリア レストラン / Magnolia Restaurant
能田耕太郎シェフ
Via Sicilia, 24 l Via Vittorio Veneto, 155, 00187 Rome, Italy
☎+39 06 487881

スペイン

コイシュンカ / koy shunka
松久秀樹シェフ
Copons, 7, Barcelona, Spain（El Barri Gòtic） ☎+34 934 127 939

日本

レストラン カンテサンス / Restaurant Quintessence
岸田周三シェフ
東京都品川区北品川6-7-29 1F ガーデンシティ品川 御殿山
☎03-6277-0090

日本料理 龍吟 / Nihonryori RyuGin
山本征治シェフ
東京都港区六本木7-17-24 サイド六本木ビル 1F ☎03-3423-8006

※お店は取材当時のもので、すでに退職されている場合があります。

郵便はがき

料金受取人払郵便

渋谷局承認

3686

差出有効期間
平成27年12月
31日まで
※切手を貼らずに
お出しください

150-8790

130

〈受取人〉
東京都渋谷区
神宮前 6-12-17
株式会社ダイヤモンド社
「愛読者係」行

フリガナ		生年月日		男・女
お名前		T S H 年 月 日生	年齢 歳	
ご勤務先 学校名		所属・役職 学部・学年		
ご住所 (自宅・勤務先)	〒 ●電話 ( ) ●FAX ( ) ●eメール・アドレス ( )			

◆本書をご購入いただきまして、誠にありがとうございます。
本ハガキで取得させていただきますお客様の個人情報は、以下のガイドラインに基づいて、厳重に取り扱います。

1, お客様より収集させていただいた個人情報は、より良い出版物、製品、サービスをつくるために編集の参考にさせていただきます。
2, お客様より収集させていただいた個人情報は、厳重に管理いたします。
3, お客様より収集させていただいた個人情報は、お客様の承諾を得た範囲を超えて使用いたしません。
4, お客様より収集させていただいた個人情報は、お客様の許可なく当社、当社関連会社以外の第三者に開示することはありません。
5, お客様から収集させていただいた情報を統計化した情報(購読者の平均年齢など)を第三者に開示することがあります。
6, お客様から収集させていただいた個人情報は、当社の新商品・サービス等のご案内に利用させていただきます。
7, メールによる情報、雑誌・書籍・サービスのご案内などは、お客様のご要請があればすみやかに中止いたします。

◆ダイヤモンド社より、弊社および関連会社・広告主からのご案内を送付することがあります。不要の場合は右の□に×をしてください。　不要 □

①本書をお買い上げいただいた理由は?
（新聞や雑誌で知って・タイトルにひかれて・著者や内容に興味がある　など）

②本書についての感想、ご意見などをお聞かせください
（よかったところ、悪かったところ・タイトル・著者・カバーデザイン・価格　など）

③本書のなかで一番よかったところ、心に残ったひと言など

④最近読んで、よかった本・雑誌・記事・HPなどを教えてください

⑤「こんな本があったら絶対に買う」というものがありましたら（解決したい悩みや、解消したい問題など）

⑥あなたのご意見・ご感想を、広告などの書籍のPRに使用してもよろしいですか?

1　実名で可　　2　匿名で可　　3　不可

※ご協力ありがとうございました。

【なぜ、日本人シェフは世界で勝負できたのか】023815●3500

本書に登場するシェフやソムリエが働くレストラン

フランス

パッサージュ53 / PASSAGE53
佐藤伸一シェフ
53 Passage des Panoramas, 75002 Paris, France ☎+33 01 42 33 04 35

ケイスケマツシマ / Keisuke Matsushima
松嶋啓介シェフ
22 rue de France, 06000 Nice, France ☎+33 04 93 82 26 06

レストラン・ケイ / Restaurant Kei
小林 圭シェフ
5, rue du Coq Heron, 75001 Paris, France
☎+33 01 42 33 14 74

レストラン ソラ / Restaurant Sola
吉武広樹シェフ
12 Rue de l'Hotel Colbert, 75005 Paris, France ☎+33 01 43 29 59 04

オ・キャトルズ・フェブリエ / Au 14 Février
新居 剛シェフ
6 rue Mourguet, 69005 Lyon, France ☎+33 04 78 92 91 39

ラ・カシェット / La Cachette
伊地知 雅シェフ
20 Rue N-D de Soyons, 26000 Valence, France ☎+33 04 75 55 24 13

ラトリエ ドゥ ジョエル・ロブション エトワール
L'Atelier de Joël Robuchon Etoile
須賀洋介シェフ
133 Avenue des Champs-Elysées, 75008 Paris, France
☎+33 01 47 23 75 75

プティ・ヴェルド / LE PETIT VERDOT
石塚秀哉ソムリエ
75, rue du Cherche-Midi, 75006 Paris, France
☎+33 01 42 22 38 27

シャングリ・ラ ホテル パリ ラベイユ
Shangri-La hotel PARIS L'Abeille
佐藤克則ソムリエ
10 avenue d'Iena l Shangri-La Hotel Paris , 75016 Paris, France
☎+33 01 53 67 19 90

[著者]

本田直之（ほんだ・なおゆき）

レバレッジコンサルティング株式会社代表取締役社長。

シティバンクなどの外資系企業を経て、バックスグループの経営に参画し、常務取締役としてJASDAQ上場に導く。

現在は、日米のベンチャー企業への投資事業を行うと同時に、少ない労力で多くの成果をあげるためのレバレッジマネジメントのアドバイスを行う。

日本ファイナンシャルアカデミー取締役、コーポレート・アドバイザーズ取締役、米国Global Vision Technology社取締役、Aloha Table取締役、コポンノープ取締役、エポック取締役などを兼務。東京、ハワイに拠点を構え、年の半分をハワイで生活するデュアルライフをおくっている。

著書に、レバレッジシリーズをはじめ、『あたらしい働き方』『Less is More』（ダイヤモンド社）『ノマドライフ』（朝日新聞出版）『パーソナル・マーケティング』（ディスカヴァー・トゥエンティワン）などがあり、著書累計250万部を突破し、韓国、台湾、中国で翻訳版も発売されている。

著者のプロデュースも行っており、50万部を突破した『伝え方が９割』『なぜ、「これ」は健康にいいのか？』をはじめ合計150万部を突破しいずれもベストセラーとなっている。

講演活動は国内だけでなく、アメリカ、オーストラリア、カナダ、中国、シンガポール、韓国、香港、台湾など海外でも行っており、学生向けには早稲田、慶応、明治、一橋、筑波、立教、法政、上智など様々な大学で講演を行っている。

サンダーバード国際経営大学院経営学修士（MBA）
明治大学商学部産業経営学科卒
㈳日本ソムリエ協会認定ワインアドバイザー
アカデミーデュヴァン講師
明治大学・上智大学　非常勤講師

なぜ、日本人シェフは世界で勝負できたのか

2014年３月20日　第１刷発行

著　者――本田直之
発行所――ダイヤモンド社
〒150-8409　東京都渋谷区神宮前 6-12-17
http://www.diamond.co.jp/
電話／03･5778･7227（編集）03･5778･7240（販売）

装丁、本文デザイン――水戸部功
編集協力――井上健太郎
製作進行――ダイヤモンド・グラフィック社
印刷・製本――ベクトル印刷
編集担当――土江英明

©2014 本田直之
ISBN 978-4-478-02381-5
落丁・乱丁本はお手数ですが小社営業局宛にお送りください。送料小社負担にてお取替えいたします。但し、古書店で購入されたものについてはお取替えできません。
無断転載・複製を禁ず
Printed in Japan